"十四五"技工教育规划教材

人力资源社会保障部教材工作委员会

"十四五"技工教育规划教材

民 宿 管 家

主 编　王文燕　杨华军　甘伟锋
副主编　周丽芳　龙素婵　吴学镇

合肥工业大学出版社

图书在版编目（CIP）数据

民宿管家/王文燕，杨华军，甘伟锋主编. ‒‒合肥：合肥工业大学出版社，2024
ISBN 978‒7‒5650‒6351‒0

Ⅰ.①民… Ⅱ.①王… ②杨… ③甘… Ⅲ.①旅馆–经营管理–中国 Ⅳ.①F726.92

中国国家版本馆 CIP 数据核字（2023）第 176403 号

民 宿 管 家

王文燕 杨华军 甘伟锋 主编	校对 郭 敬	责任编辑 毕光跃 马成勋

出 版	合肥工业大学出版社	版 次	2024年9月第1版
地 址	合肥市屯溪路193号	印 次	2024年9月第1次印刷
邮 编	230009	开 本	787毫米×1092毫米 1/16
电 话	理工图书出版中心：0551‒62903204	印 张	11
	营销与储运管理中心：0551‒62903198	字 数	260千字
网 址	press.hfut.edu.cn	印 刷	安徽联众印刷有限公司
E-mail	hfutpress@163.com	发 行	全国新华书店

ISBN 978‒7‒5650‒6351‒0　　　　　　　　　　　　定价：49.80元

如果有影响阅读的印装质量问题，请与出版社营销与储运管理中心联系调换。

前　言

随着旅游业蓬勃发展，消费者对旅游体验的需求日益个性化和多样化，民宿作为旅游的新业态不仅仅是一种住宿选择，更代表了与传统酒店截然不同的个性化和富有当地文化特色的旅行生活方式。民宿凭借独特的设计、鲜明的特色和贴心周到的个性化服务，成功地吸引了各地的游客。它也许没有高级奢华的设施，却能让游客体验当地风情，感受民宿主人的热情与好客，并体验有别于以往的生活。民宿管理和服务水平的提升对于保持顾客满意度以及民宿业的可持续发展至关重要。

本书是广西壮族自治区品牌专业建设的成果，内容选取坚持正确的政治方向和价值导向，系统、详细地介绍民宿的概念、类型、特点和发展趋势等，深入分析民宿的营销管理、人员管理、安全管理等内容。与此同时，借鉴了我国不同区域不同类型的民宿经典案例进行全方位介绍和评析。

本书是在行业专家的指导下开发的工学一体化教材。在编写过程中，紧密结合旅游专业人才培养目标，对标民宿经营管理活动中的民宿管家岗位职业要求，遵循教育教学规律和技能人才培养规律，把民宿管家相关的基本知识、基本术语、基本技术方法，以及各项管理和服务能力，进行了系统的知识介绍和技能训练。

本书注重职业素养、专业技能和正确价值观培养的有机结合。本书内容涵盖民宿管家的职责、客户服务技巧、运营与销售管理、安全与危机管理等核心内容，采用模块化、任务驱动和案例化教学的编写方式，以民宿经营与管理的典型工作任务、案例等为载体组织教学内容。全书共分为四大模块，由课程导入和项目学习任务等部分组成。每个项目以任务为引领，按照任务描述、学习目标、知识准备、任务实训、任务评价、思考与练习等体例进行编写，充分体现了"岗课"融通的"工学一体"的教材编写理念，以便于在校学生和社会继续教育者学习和掌握。

本书由北海市中等职业技术学校王文燕、杨华军和甘伟锋担任主编，周丽芳、龙素婵和吴学镇担任副主编，邓佩茵、林宁俊、江雨、朱亚娟参与编写，陈国成、黄倩欣、黄雪晴、罗天翔、刑小冉、朱晓等同学参与图片拍摄。

本书编写过程中得到了全国旅游民宿等级评定专家徐金印教授、广西休闲农业协会刘永华会长、广西旅游协会民宿客栈与精品酒店分会李娜会长的全面指导，在项目与任务设置方面得到桂林旅游学院继续教育学院程冰院长的指导，在案例选择、技术标准方面得到了北海市旅游文体局李才能局长、北海旅游协会向晓霞秘书长和北海海故里度假民宿有限公司陆雄总经理的悉心帮助，在编写过程中还参阅和引用了有关学者的专著、教材及论文内容，在此，一并表示衷心感谢。

希望本书能为提升民宿从业人员的职业能力和职业素养提供指导。欢迎广大读者提出宝贵意见和建议，以期不断地改进和完善本书内容。

王文燕

2023年8月

目 录

模块一 民宿管家服务

模块二　民宿运营管理与市场营销

模块三　民宿安全与危机管理

课程导入　民宿管家初识

导入介绍

随着在线旅游平台的兴起和发展，民宿行业得到了快速的发展。越来越多的房主开始将自己的住宅空间改造成民宿，并通过在线平台向旅客提供服务。这也为旅客提供了更加多样化和个性化的住宿选择，为旅游行业带来了新的发展机遇。目前，民宿已经成为住宿行业的一个重要分支。民宿管家是连接民宿与客人的桥梁，其专业、贴心的服务对于提升游客体验，塑造民宿品牌形象具有至关重要的作用。

学习目标

① 掌握民宿的概念。
② 掌握和辨析民宿的类型。
③ 掌握民宿管家的内涵。

情景对话

民宿是旅途中的家。它为人们休闲生活开启了另一个天地和视野，给我们带来了更加丰富多彩的生活体验。

客户：喜欢民宿！自然、传统而个性。与我上次在五星级酒店有着截然不同的感受。

民宿管家：生活是丰富多彩的，民宿会给你带来全新的感受。

知识准备

一、民宿的概念和发展历程

（一）民宿的概念、等级

民宿（Homestay）是一种提供住宿服务的场所，通常由私人经营。相对于酒店，民宿更注重家庭般的温馨和私密性，这也是它们受欢迎的原因之一。民宿通常提供早餐、客房清洁等服务，同时也会为住客提供旅游咨询和建议。在一些特定的地区，民宿还会提供其他的服务，如农家乐、手工体验、导游等。

民宿是指提供住宿服务的民居，通常由房主直接出租给旅客。相比于传统酒店，民宿更注重与当地人的交流和文化体验。不同的民宿还有不同的特色，例如可以住进百年历史的老宅，或是在山林中享受清新自然的环境。无论是背包客还是家庭旅行，民宿都是一个不错的选择。

一般来说，民宿通常是由房主将自己的住宅空间分享给旅客，提供住宿服务，并在此基础上提供一定程度的旅游体验服务。在民宿中，旅客可以感受当地的生活文化，同时也可以获得房主的热情款待和旅游建议。

《旅游民宿基本要求与等级划分》（GBT411648-2022）国家标准于2022年7月发布，自2023年2月1日起正式实施。标准中指出旅游民宿（homestay inn）是利用当地民居等相关闲置资源，主人参与接待，为游客提供体验当地自然、文化与生产生活方式的小型住宿设施。经营用客房建筑物应不超过4层，且建筑面积不超过800m²。旅游民宿等级分为三个级别，由低到高分别为丙级、乙级和甲级。

总之，民宿是一种非常有特色的住宿方式，能够让旅客更好地了解当地的文化和风土人情。

（二）民宿的发展历程

1. 民宿的起源与发展

民宿的发展历史可以追溯到20世纪60年代，当时一些海滨度假胜地的居民将自己的房屋出租给游客，形成了最早的民宿。随着时间的推移，越来越多的人开始加入到这个行业中来，使得民宿越来越多样化，各具特色。近年来，随着旅游业的蓬勃发展，越来越多的人选择民宿作为住宿选择，这种趋势在一些欧美国家尤为明显。

在民宿的发展历程中，中西差异较大。发达国家民宿进入快速成长期的阶段，我国民宿才开始发育。近年来在国内的乡村旅游中，民宿快速成长，甚至本身成为旅游目的地。

18世纪以来人类为提升生活品质，致力于经济发展，因经济重心与产业结构的改变，人们为寻找生计大量向都市集聚，造成城市人口稠密，而乡村则出现人口日渐减少、就业不易的现象。为解决上述问题，以地方乡野特色吸引游客前来观光，促使地方发展的想法便被提出，欧洲许多国家推动农村转型时，都推出都市旅游人口前来农村休闲度假的做法。滨海民宿环境如图0-1所示。

19世纪60年代，西方开始出现乡村旅游，而真正意义上的大众化的乡村旅游，则起源于20世纪的西班牙。到了20世纪70年代后，乡村旅游在美国和加拿大等国家进入快速发展期。与乡村旅游发展保持一致，欧美的家庭旅馆业发展迅速，可见旅游民宿的起源大多是为了解决观光地区住宿设施的供需问题。

与地方产业有紧密关系的民宿在许多国家非常普及，如美国、澳大利亚、新西兰、德国、英国、日本等。在英国，大多旅游景点的周边有家庭旅馆，而且约有40%的一夜游游客选择在家庭旅馆住宿。在美国，由于乡村与城市两种异质文化的相互吸引，家庭旅馆分为乡村家庭旅馆和城市家庭旅馆两种。20世纪80年代，美国这两种形式的家庭旅馆经历了高速发展时期。1998年，美国有5000万旅游者选择入住家庭旅馆，为1994年

图0-1　滨海民宿环境

的2倍之多。在家庭旅馆业发展的同时，旅游民宿也获得迅速发展。

世界各地的民宿，因环境与文化生活不同而略有差异。欧洲大陆地区多是采用农庄式民宿经营模式，让住宿者能够享受农庄式田园生活环境，体验农庄生活；加拿大则是采用假日农庄的模式，提供一般民宿，住客假日可以享受农庄生活；美国多见居家式民宿和青年旅舍，提供不刻意布置的居家住宿，价格相对饭店更便宜；英国则惯称B&B，提供睡觉的地方以及简单早餐，费用大多为每人每晚二三十英镑，价格比一般旅馆便宜许多；日本民宿是由一些登山、滑雪、游泳等爱好者租借民居而衍生并发展起来的，这些民居多位于山水奇险之地，后来这些村庄慢慢发展为旅游休闲胜地，于是民宿的对象也不再仅仅是一些运动爱好者，这是日本民宿由分割自家房子租借转而经营家庭式旅馆的重要原因之一。

2. 民宿国内发展现状及趋势

在我国，随着发展乡村旅游政策的完善，民宿服务多样化获得更多保障。2015年8月，国务院办公厅印发的《关于进一步促进旅游投资和消费的若干意见》指出，发展乡村旅游需完善公共服务以及相关旅游休闲配套设施建设。要使乡村的好山好水好风光更有魅力，应进一步加快城市基础设施与公共服务向农村延伸与覆盖，推进新型城镇化发展进程。此外，《国家新型城镇化规划（2014—2020年）》也强调推进城乡规划、基础设施和公共服务一体化进程。这些政策的出台对民宿服务功能的发挥起到重要推动作用。

（1）集聚发展。集聚发展是我国民宿业一大特色，突出表现在台湾。经过多年的发展，我国台湾地区的民宿经营已进入成熟发展期，形成规模效应。台湾民宿经营在管理辅导、主题风格、营销策略和策略联盟等方面极具特色，使民宿旅游从原来的低度发展的行业，创造出高度流行景象，改写了旅游的形态。在大陆，民宿集聚发展也演化成为一大态势。如德清"洋家乐"，汇聚了裸心谷、法国山居、大乐之野、三九坞国际乡村会所等一批高端民宿，以外来投资者、专业设计师、建筑师为主导，形成民宿聚落。

（2）服务多样化。民宿从选址、装修到服务的内容都能反映出主人的个性，更倾向于添加人性化的元素。民宿不但提供住宿，很多主人也充当着当地导游的角色。因此，许多地方的民宿已经与当地的旅游业完全融合在了一起。周边基础设施完善，所处区域的交通、购物和通信等基础设施能够为民宿提供有力的保障，这是其能稳定发展的基础。

（3）经营业态差异化。目前，民宿经营业态呈现差异化的特点。脱胎于农家乐的普通民宿主要以大众化的价格，提供较多房间的方式经营，一般在自然环境较好的农村，吸引普通的城市消费群体；著名景区景点的民宿则以中档价格，走特色化、精致化经营路线；一些自然和人文环境独特、设计风格鲜明的精品民宿，走的是高端路线，如浙江嵊泗民宿以金字塔式的等级架构满足不同顾客群的需求。浙江各地还重视民宿的错位发展，打造自然生态型、文化体验型、休闲愉悦型、美食体验型、健身养老型等特色各异的民宿，将浙江人的市场意识发挥得淋漓尽致.

（4）管理规范化、标准化。国外（如英、法）民宿成立已久，大多数已有相当完善的管理稽查制度与配套措施。在我国，民宿发展领先的浙江不仅规定民宿标准（表0-1），而且对民宿的扶持政策与民宿的规划落实、环境改造与发展水平挂钩，以激励民宿向更高标准发展，创建示范标杆。具体而言，一是与标准等级挂钩，二是与规划编制、落实挂钩，三是与民宿装修及环境改造挂钩，四是对有示范效应的民宿采取奖励措施。

表0-1　浙江民宿发展政策

民宿扶持政策挂钩	举　例
与标准等级挂钩	宁波市将客栈等级分五档，其中五叶级最高，可获得补贴20万元。丽水市莲都区对民宿按照星级进行补助，从一星级的0.5万元到五星级的10万元，为一次性创建补助
与规划编制、落实挂钩	遂昌县乡村每年选取5个民宿规划，给予规划编制费用30%的资金奖励，单个规划最高奖励20万元
与民宿装修及环境改造挂钩	云和县给予民宿装修及环境改造部分30%以内的补助。杭州市余杭区每年出1000万元投资于民宿基础设施建设
对有示范效应的民宿采取奖励措施	景宁县对投资1000万元以上的民宿示范点在享受同等民宿补助政策的基础上再给予50万～200万元不等的奖励资金。杭州农村现代民宿示范点投入额在300万元以上补助最高可达100万元

（5）文化特色鲜明。大多数旅游者出游的主要目的是探求异地文化，了解异地风情，满足自身的求知欲望。民宿往往以家庭为依托，以当地居民为经营管理者，特色是民宿吸引游客的关键所在。民宿有着特定的民俗环境，或者背依风景区，比较容易营造自己的特点和主题。近年来，国内民宿业的发展在一些地方呈现出新的态势，各种创意主题民宿满足了社会的多元需求。在杭州，不仅有农家体验型民宿，而具有依托风景名胜区的度假休闲型民宿，西湖景区民宿是典型的代表，如灵隐寺周边的民宿以参禅、品茶、慢生活为主题。而以《富春山居图》闻名的杭州富阳黄公望村的民宿，则是特色文化型的民宿。

二、民宿的类型

近年来，人们对民宿的研究不断增加，研究成果逐步增多，研究范围也不断扩大。但学术界还没有对民宿的分类有统一的标准。虽有许多学者提出了对民宿分类的看法，但缺乏具有针对性的系统整理。在我国大陆地区，民宿整体规模较大，由于分类者的角度不同且民宿的主体功能定位不同，所以分类依据也是多方面的。民宿的分类依据不同的标准，可以按资源类型划分、按经营特色划分、按地理位置划分、按房屋类型划分、按服务水平划分、按主题特色划分、按客群定位划分等。

图0-2　海景民宿

1. 按资源类型划分

我国旅游资源丰富，拥有碧海蓝天（图0-2）、高山森林、湖泊温泉等形态多样、品质优越的自然资源。民宿的选址也多与这些资源临近或以此为依托，在建筑风格和经营特色上，民宿要充分尊重并利用当地的自然和人文环境等条件，融入当地特色使自身成为旅游文化的一部分。现有研究中对于民宿的分类，可以以其所在地环境特征、文化产业及经营特色、类型作为标准。例如，以民宿所在地区的资源及特色为标准可将其分为7种类型（表0-2）。

表0-2 民宿的类型（按照资源类型分类）

民宿类型	特色服务或活动
农园民宿	采摘山珍和水果、采集昆虫等
海滨民宿	海水浴、水上运动、海草采集、钓鱼等
温泉民宿	砂石温泉浴、岩石温泉浴等
运动民宿	滑雪、滑草、登山、健行等
料理民宿	河川鱼料理、自然素材料理、海鲜料理等
传统建筑民宿	古代建筑遗址、古街道、古民宅、古城、古都等
欧式农庄民宿	多位于乡村地区，周围有较宽广的活动场所

2. 按经营特色划分

面对市场的变化，民宿经营者在依托自然资源的基础上，开始积极配合当地的传统文化或特色艺术形式将民宿的经营主题进行扩展，因此出现了更为丰富的民宿类型。以资源类型分类民宿为基础，可以将民宿按照经营特色分为赏景度假型、农村体验型、民俗文化型、高端养生型、复古经营型5类。其地理条件与经营特色见表0-3所列。

表0-3 民宿的类型（按照经营特色分类）

民宿类型	地理条件	经营特色
赏景度假型	当地具有天然景观或利用旧有素材加以设计的美景	结合浑然天成的自然景观或是精心策划的人工造景，如万家灯火的夜景、满天星斗、庭院景观、草原花海或高山、海洋等，让游客紧张的都市心情得以放松，享受无拘束的度假生活
农村体验型	多位于传统的乡村中	除了观赏农村景观、让游客认识农家生活之外，经营者提供游客体验农业生产方面的活动，如制作茶叶、农作物采收、挤牛奶等
民俗文化型	营造出民俗风情的环境，使游客在休闲中体验农家之乐、了解农事知识	以体验活动为经营主轴，由经营者或当地艺术创作者带领游客体验具有当地特色的艺术活动，如民族乐器、捏陶、雕刻、绘画、天灯制作等，游客可亲手制作艺术作品，体验乡村或现代的艺术文化盛宴
高端养生型	静谧、优美，能够提供养生保健的场地	以优美的山水环境、原生态理念，打造有机产品及静谧雅致的度假空间，吸引游客们前来过一段梦中的桃源生活
复古经营型	利用原有的三合院、四合院、石板屋建筑等加以改建布置	此类的住宅环境均为古建筑修整而来，或以古建筑的式样为设计蓝图，有些甚至在室内装潢中搭配古董，以提供给游客深刻的怀旧体验

3. 按地理位置划分

按照地理位置的不同，民宿可以分为城市民宿和乡村民宿。城市民宿通常位于市区或者市郊，交通便利，周边有着各种餐厅、商场等设施。乡村民宿则通常位于乡村或者山区，环境清幽、空气新鲜，能够让旅客远离城市的喧嚣。此外，还有一些海滨民宿、湖畔民宿等等，这些民宿的地理位置非常适合度假旅行。

4. 按房屋类型划分

民宿的房屋类型也非常丰富，有的是历史悠久的老房子，有的是别具特色的小木屋，有的则是现代化的高层公寓。不同类型的房屋能够满足不同旅客的需求。例如，喜欢古典风格的旅客可以选择住在老房子里，享受古色古香的氛围；而喜欢现代化舒适生活条件的旅客则可以选择住在高层公寓中。

5. 按服务水平划分

民宿的服务水平也有高低之分。有些民宿提供酒店式的服务，例如24小时前台接待、免费早餐、清洁服务等等；而有些民宿则提供简单的住宿服务，旅客需要自己打理房间和卫生。对于追求舒适和便利的旅客来说，选择服务水平较高的民宿是一个不错的选择。

6. 按主题特色划分

有些民宿拥有自己独特的主题，例如文艺小清新、古色古香、海洋风情等等。这些主题能够让旅客在住宿的过程中感受到不同的氛围和文化。例如，选择住在文艺小清新的民宿中，可以感受到充满艺术气息的环境和氛围。

7. 按客群定位划分

民宿还可以根据客群定位进行分类。例如，有些民宿专门针对情侣或者蜜月旅行的客人，提供浪漫的环境和服务；而有些民宿则专门接待家庭旅行的客人，提供儿童玩具和亲子活动等服务。

三、民宿的风格与特点

1. 原生态性

原生态性不仅是民宿旅游的核心特征，也是区别于其他形式旅游活动的重要标志。它既不同于社会学意义上的乡村性，也不同于土地利用上对乡村性的认识。它主要包括民宿形态、民宿生活方式和节奏在内的整体原生态景观的再现。

2. 文化性

一个地区的旅游资源，不仅是吸引游客进行旅游活动的客体和环境，也是反映该地区社会、历史、文化特色的载体。民宿旅游以其特有的农业生产、人居环境和民俗文化为旅游吸引物，不仅包含了自然的田园观光，也包含了深厚的传统文化和淳朴的田园生态文化，是一种带有度假性质的，具有自然享受和乡土民俗文化感受的"复合式旅游产品"。

3. 主人特征

民宿小而美，酒店大而全，虽说两者可以无限接近，但是民宿是围绕民宿主人的生活而展开的。民宿提供的生活方式体验，是酒店所不能完成的。而民宿主人表现出来的生活态度，则是吸引客人的闪光点。

4. 需求导向性

由于民宿旅游的主要目标市场为生活节奏快、工作压力大的城市人，游客进行民宿旅游的动机除了满足回归自然、返璞归真的心理体验以外，往往还包括对种植、采摘、垂钓等田园劳作、生活的体验。这种体验并非通过短暂的、单一的休憩活动可以达到，因此民宿旅游体验成为乡村旅游的重要组成部分。

综上，民宿最能打动消费者的因素可以归结为三个：一是选址选在好山、好水等处；二是设计融合环境、以人为本；三是服务用心、有亲切感。清新的室外环境、自如的居住氛围、丰富的人文色彩、独特的室内设计、丰富的主题风格、轻松的隐居生活、亲和的民宿主人、有机的天然食材等元素都成为民宿吸引客人的理由。不同风格的民宿环境见图0-3所示，风格各异的民宿建筑见图0-4所示。

（1）民宿田园风

（2）民宿古典风

（3）民宿海景风

（4）民宿山区风

图0-3　不同风格的民宿环境

（1）独特的木材民宿建筑

（2）纯砖结构民宿建筑

（3）砖木混合民宿建筑

图0-4　风格各异的民宿建筑

四、民宿管家职责与素养

1. 民宿管家的概念

微课　民宿管家的岗位职责

民宿管家指提供客户住宿、餐饮以及当地自然环境、文化与生活方式体验等定制化服务的人员。2022年6月14日，人力资源和社会保障部向社会公示18个新职业信息，其中包括民宿管家。由此，民宿管家成为受国家认可的新职业。

2. 民宿管家的职责

民宿管家是负责管理和运营民宿的专业人员，他们的职责涵盖了多个方面，旨在为客人提供良好的入住体验，同时确保民宿的正常运营和维护。以下是民宿管家可能担负的一些主要职责。

（1）客户服务。民宿管家是客人与民宿之间的主要联系人，他们负责接待客人、提供信息、解答问题，确保客人在入住期间得到周到的服务和关怀，并能策划当地自然人文环境、休闲、娱乐与生活方式体验活动，推广销售民宿服务项目。

（2）预订管理。管家负责处理客人的预订请求，协调入住和退房时间，管理房间的可用性，确保预订流程的顺利进行。与客户沟通，了解个性化服务需求，策划制订服务项目与方案。

（3）入住和退房。管家在客人入住时向其介绍民宿设施、规定和周边环境，协助办理入住手续。在客人退房时，他们会检查房间的状态，处理押金退还等事宜。

（4）清洁和维护。管家需要确保民宿的房间、公共区域和设施的清洁和良好状态。他们可能会协调清洁人员进行房间打扫，定期检查设施的维护情况，及时修复损坏或故障。

（5）物资采购和库存管理。管家需要分析民宿运营中物料采购、损耗情况，整理、分析民宿运营数据，控制运维成本。负责购买日常所需的物资，如床上用品、洗漱用品、清洁用品等，并管理这些物资的库存，确保充足供应。

（6）安全和安全性。制定民宿及服务项目应急预案，检查维护安全设施和设备，组织实施紧急救护。管家需要确保民宿的安全，包括提供紧急联系信息、消防安全措施等，并确保客人在民宿内的安全感。

（7）市场推广和营销。管家可能参与制定和执行民宿的市场推广策略，协助管理网站上的房源信息、照片和客户评价，提升民宿的知名度和吸引力。介绍民宿服务项目与设施，协调指导员工提供接待、住宿、餐饮和活动等服务项目。

（8）协调服务供应商。如果民宿提供额外的服务，如早餐、导游等，管家需要与相关的服务供应商协调，确保服务的质量和顺利提供。

（9）客户反馈和问题解决。管家需要整理记录客户信息、消费项目与习惯，搜集分析客户体验反馈，维护客户关系；检查项目服务质量，协调处理客户诉求，保证服务质量；倾听客人的反馈和投诉，及时解决问题，改进服务质量，确保客人满意度。

（10）财务管理。管家可能负责记录预订收入、支出和费用，协助制定预算，确保民宿的财务运作正常。

总之，民宿管家在保证客人舒适入住的同时，也要协助民宿业主实现运营目标，维护好民宿的声誉和形象。当然，在实际操作过程中，其职责范围也会因民宿规模、设施以及业主的需求而有所差异。

3. 民宿管家的能力与素养

民宿管家作为专业人员，在履行职责的同时需要具备一定的素养和技能，以确保客人的满意度和民宿的顺利运营。以下是民宿管家应具备的一些能力和素养。

（1）沟通能力。具有与客人、同事、供应商等各方进行良好沟通的能力，能够清晰地表达信息，倾听并解决问题，建立良好的人际关系。

（2）专业知识。具备有关民宿运营、客户服务、卫生安全等方面的专业知识，能够为客人提供准确的信息和指导。

（3）服务意识。关注客人的需求和体验，能够主动提供帮助和解决问题，以确保客人享受到优质的服务。

（4）细致和注意力。在清洁维护和房间准备等方面要具备细致入微的态度，确保客人入住的环境整洁舒适。

(5) 解决问题的能力。遇到突发事件或客人的投诉时，能够冷静应对，找出解决问题的方法，并确保问题得到妥善处理。

(6) 团队合作。在与其他团队成员、清洁人员、维修人员等合作时，能够有效协调，共同完成任务。

(7) 应变能力。民宿运营可能会面临各种情况和挑战，管家需要具备应对不同情况的能力，做出合理的决策。

(8) 时间管理。管家需要协调多项任务，合理规划时间，确保各项工作得以顺利完成。

(9) 诚信和道德。管家在与客人和同事互动中，保持诚实、正直的态度，遵循职业道德，不泄露客人的个人信息。

(10) 技术应用。对于预订系统、通信工具等技术的运用，以及在需要时解决常见的技术问题，都是管家的一项重要素养。

(11) 灵活性。适应不同的工作时间、客人需求和紧急情况，能灵活调整工作计划和态度。

综上所述，民宿管家不仅需要具备专业知识和技能，还需要具备出色的沟通、服务和问题解决能力。这些素养将有助于管家在日常工作中更好地满足客人的需求，保障民宿的运营效果。民宿管家基本的能力和素养见图0-5所示。

(1) 民宿管家的亲和力　　　(2) 民宿管家的前台管理　　　(3) 民宿管家的客房技能

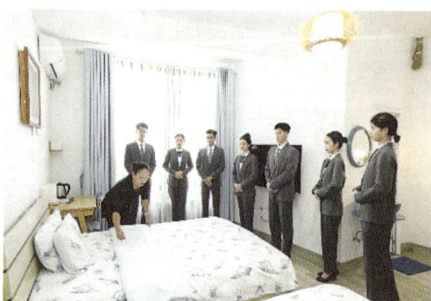

图0-5　民宿管家基本的能力与素养

思考与练习

① 民宿的分类?

② 民宿管家的工作职责是什么?

模块一　民宿管家服务

模块介绍

　　近年来，随着旅游行业的快速发展，民宿成了旅游市场的一大亮点。作为一种新型的住宿方式，民宿的受欢迎程度越来越高，有越来越多的人选择在旅行中入住民宿。为了让旅客能够得到更好的体验，民宿管家的服务显得尤为重要。本模块主要学习民宿管家应具备的基本运营与管理的知识和技能，包括民宿管家的前厅服务、客房服务、餐饮服务。

　　在民宿管家前厅服务中，需要了解和掌握预订服务，包括民宿的房型与房态，客房报价和入住登记、民宿周边旅游景点、民宿周边规划。在工作中要注意突出民宿的特色和个性化服务，并需要善于沟通和交流，了解客人的需求和期望，提供个性化的服务。

　　在民宿管家的客房服务管理中，需要了解民宿客房清洁工作的程序和标准，包括进房前的准备工作、进入房间后的各项清洁工作、客房设施设备的维护与保养以及特色服务的提供等。民宿客房的清洁标准要求房间干净整洁，没有污渍、灰尘和异味，设施设备完好并能正常使用，以及客房常见污渍的处理方法和特殊区域和设备的清洁。另外，要保证民宿的设施设备保养和维护制度的系统化和科学化，以保障运营稳定和客户满意度。

　　在民宿管家的餐饮服务管理中，需要了解如何设计和制作民宿的特色菜单以提供独特的用餐体验。要点包括使用当地食材、强调地域特色、突出本地文化和传统、提供多种特色风味宴席菜品等。此外还需要注意菜单设计的富有特色、推荐地方特色风味宴席、提供个性化服务、定期更新菜单、雇佣专业服务人员等。

　　上述三个部分是民宿运营的基本管理和服务，决定着民宿服务的质量和客户的满意度。

项目1-1 民宿管家前厅服务

近年来，随着旅游行业的快速发展，民宿成了旅游市场的一大亮点。民宿作为一种新的住宿方式，以其独特的个性化体验及温馨如家的氛围，正逐渐赢得越来越多旅行者的青睐。由于规模较小的原因，民宿的前厅有别于传统的酒店大堂，往往是一个综合型的场所，既是展示客栈特色和风格的场所，也是接待客人和销售产品的区域。民宿的前厅服务主要包括客人的预订与接待、入住与登记和周边特色旅游服务。这些工作需要民宿管家有良好的沟通和交流能力，了解和满足客人的需求，能够提供个性化的服务，为客人带来家的温暖和独特的体验。

任务一 预订服务

任务描述

预订是民宿管家的一项重要工作，要求管家能够掌握民宿房源信息，了解民宿房态，熟悉民宿产品预定相关政策；能够针对不同类型房间、掌握和灵活运用不同的报价方式，与客人沟通交流，了解个性化需求，热情接待每一位客人，确保客人能够获得高效、准确、友好的预订体验。

学习目标

① 掌握民宿预订的准备工作，了解民宿预订方式和种类。
② 掌握线上、线下预订服务的流程。
③ 掌握民宿的房型、客房的定价及客房状态。

情景对话

客户：暑假来了！孩子一直吵着要到海边玩几天，想要预订一个能看到海的房间，最好有赶海活动的。

民宿管家：（不断有人通过电话咨询或预订房间。）现在是旅游旺季，房间非常紧张，您什么时间过来，对房间还有什么要求？

思考：为什么要提前进行客房预订？

知识准备

一、预订的作用

做好客房预订有利于民宿做好房态控制，提高出租率，增加民宿营业收入；组织调配员工更好地提供对客服务；掌握客源动态，预测民宿未来业务。

二、预订的准备

要做好民宿的预订服务，民宿管家需要做好以下准备工作。

（1）熟悉民宿预订政策和流程：了解民宿的预订政策、取消政策、退款政策等，以及预订的详细流程。

（2）掌握房源信息：详细了解所有可预订的房源信息，包括房间类型、配套设施、房间价格、房间可使用日期等，并确保信息的准确性。

（3）准备预订文档和确认函：准备好预订表格、确认邮件或信函等，以便记录和确认预订信息。

（4）建立支付方式：明确并设置支付方式说明，如信用卡支付、在线平台支付、现场支付等，并确保支付渠道的安全性。

（5）提供咨询和沟通渠道：确保提供有效的联系方式，如电话、电子邮件、社交媒体或即时通讯工具，以便客人咨询和沟通。

（6）制订应急计划：针对可能出现的特殊状况（如客人取消预订、未按时到达等）制订应对措施。

（7）维护环境和设施：保持民宿内外环境和客房的整洁舒适，设施设备运转正常，以备客人随时到访。

（8）保护客人隐私和安全：确保客人个人信息的安全，遵循隐私保护规定。

（9）学习相关法律和税务知识：了解与民宿经营相关的法律法规和税务要求，避免在预订服务过程中出现违规违法问题。

通过上述准备工作，民宿管家可以提供专业、高效的预订服务，为客人带来良好的预订体验，同时也有助于提升民宿的整体运营效率和客户满意度。

三、预订方式及种类

（一）预订方式

民宿管家可以为客人提供多种多样的预订方式，既可以借助现代化科技的便利开展线上预订，也可以选择更为方便沟通的线下预订，以下是一些常见的预订方式。

1. 线上预订

（1）民宿官方网站预订：通过民宿官方网站客人可以直接与民宿主人沟通，获得最准确的房源信息，无需支付额外的第三方平台的佣金或服务费，更容易获得个性化的服务，遇到问题或有需求可以直接和民宿主人交流。

（2）在线客人预订平台：如 Airbnb（爱彼迎）、Booking.com（缤客）、携程、美团、途家、去哪儿等在线平台，客人可以浏览房源并直接预订。在线平台汇集了众多的民宿资源，客人通过对比可以找到符合自己需求的房源，也可以参考其他客人的评价和体验预订。平台会有促销和积分活动，同时提供担保预订、到店无房赔付等。

（3）社交媒体预订：民宿通过小红书、抖音、微博、微信等社交媒体接受预订，客人可通过私信或公开评论提出预订要求。通过兴趣群和社区宣传民宿，可以扩大民宿的影响力，与传统广告相比，营销成本较低。社交媒体可支持图片、视频直播等。

2. 线下预订

（1）电话预订：客人直接拨打民宿的联系电话进行预订，其优点是沟通快捷方便。

（2）现场预订：客人直接到店，由管家或前台沟通确认需求后完成预订。

（3）合作伙伴和联盟预订：与当地的商家、餐厅、活动组织者建立合作关系，通过他们推荐客人预订民宿。

民宿管家应确保所有预订渠道的有效性和响应速度，以便客人能够方便地预订，同时确保预订信息的准确性和及时更新。

（二）预订种类

民宿常见的预订方式和种类包括以下几种：

（1）临时预订：客人当日提前几小时预订。

（2）提前预订：客人提前预订未来的某个日期的房间、用餐、场地等。

（3）长期预订：客人预订连续多日的住宿，通常会有一定的折扣。

（4）团体预订：5间以上（含5间）同一团体预订，可以享受团体优惠的价格和安排。

（5）特殊活动预订：针对特殊活动或节日的预订，可能包括特别的套餐或服务。

（6）包场预订：客人预订整个民宿场地，通常用于私人活动或团队建设。

（7）非退订预订：一旦预订不可退款，通常为民宿开展促销活动时采用，价格较低。

（8）可退订预订：允许在一定时间内取消预订并退款。

（9）保证性预订：预订时支付全部或部分费用，通常用于春节、"五一"、"十一"黄金周高峰期或特殊活动期间。

四、预订流程

（一）线上预订服务

随着互联网的普及和旅游业的快速发展，越来越多的游客选择通过网络预订民宿。网络预订的特点是快捷、方便、先进。受理网络预订的流程如图1-1-1所示。

民宿发布产品信息 ➡ 支持多种预订渠道 ➡ 随时关注网络信息 ➡ 及时反馈预订信息 ➡ 发布确认信息 ➡ 留存资料

图1-1-1 网络预订服务流程

(1) **民宿发布产品信息**：民宿应保证所提供的房间和产品信息真实有效，如有变动应及时更新。

(2) **支持多种预订渠道**：支持官方网站、在线平台、社交媒体等多种预订方式。游客通过搜索引擎或旅游网站等途径找到民宿，并浏览各项信息（房间类型、价格、入住时间和离店时间、民宿活动等）。

(3) **随时关注网络信息**：由于网络预订的时间不受限制，游客随时都有预订需求，游客选择满意的房间及入住日期，填写正确的联系方式和姓名，提交预订请求。民宿管家必须时刻关注网络信息，以便提供相关服务。

(4) **及时反馈预订信息**：民宿管家在收到预订请求后，及时进行确认并更改房态。如有重复预订、房满等情况应及时联系客人。

(5) **发布确认信息**：民宿管家确认接受预订后，应通过平台或短信形式向客户发送确认信息，注明入住时间等情况。如果需要付费预订，提醒客人完成支付并保留付款凭证以备入住时核实。

(6) **留存资料**：将客人的预订信息打印出来，留存备用。

（二）线下预订服务

(1) 掌握房源信息，实时更新房源。

(2) 确认客人住店人数，抵离日期。

(3) 查看房源信息。

(4) 推荐房型，介绍民宿设施及服务。

(5) 展示房型。

(6) 复述客人预订。

(7) 询问客人是否有其他需求。

(8) 做好预订信息录入。

(9) 将预订信息和民宿的简要介绍和服务发给客人。

微课 民宿管家预订服务

线下服务注意事项：

■ 推荐2至3种房型以供客人选择。

■ 客房报价遵循从高到低的原则。

■ 高价房型用鱼尾式报价，先介绍设施设备和服务再报价，让客人觉得物有所值；低价房型用冲击式报价，先报价格再介绍房间。

提供线下预订服务切记保持亲切友好的态度，以温暖的笑容和专业的服务赢得客人的信任和满意；注意细节，关注客人需求，提供个性化服务，增强客人的归属感和满意度；灵活应对突发情况，对于客人的特殊要求和投诉，要耐心听取并妥善处理。

五、民宿客房的类型、定价和客房状态

（一）民宿客房类型

不同类型的民宿客房包括单人房、双人房、大床房、家庭房、套房、主题房等。民宿

管家应按照客人的需求，为客人介绍民宿的房间。不同类型的民宿客房如图1-1-2所示。

（1）单人房。房内设一张单人床，适合单人入住。

（2）双人房（标准间）。房间内有两张单人床，适合双人入住，价格适中，适合大众旅游者。

（1）大床房　　　　　　　　　　　　　　　　　　（2）标准间

图1-1-2　不同类型的民宿客房

（3）大床房。房间内有一张双人床，适合夫妻居住或单人入住，适合对睡眠质量有较高要求的客人。

（4）亲子房。房间内有两张单人床和一张儿童床，或者一张大床和一张儿童床，同时配有简单的儿童游乐设施或玩具，适合带有孩子出游的客人。

（5）套房。套房内拥有独立的起居室、卧室和卫生间，有的还设有独立的厨房或厨房设施，可供客人自己烹饪食物，提供更多的私密空间，具有较高的舒适度和价值。

（6）主题房。按满足宾客个性化需求划分有各类主题，如亲子房、蜜月房、禅修房、AI电影房等不同类型，以满足不同宾客的需求。

作为民宿管家应针对客人特点和需求推介房间：度蜜月的客人推荐套房，带小孩的推荐亲子房，夫妇推荐大床间，来旅游的客人推荐推荐景色房。

（二）民宿客房的状态

民宿通常会使用不同的客房状态类型来管理房间的使用和准备情况，以确保客人的入住体验和运营的顺利进行。以下是一些常见的客房状态类型。

（1）住客房（Occupied，OCC），住店客人正在使用的客房，OC表示住房已清洁，OD表示住房未清洁。

（2）空房（Vacant Clean，VC），已清扫整理、经检查可供出租的房间，也叫可售房。

（3）走客房（Vacant Dirty，VD），又称为Check-out，客人已结账离店，客房正处于清扫整理阶段。

（4）停租房（Out Of Order，OOO），房间设施硬件出现故障、清洁保养、装修升级等多种原因停止出租的客房。

（5）保留房（Blocked Room，BR）。预留给将入住的团队、会议客人的一种内部掌握的客房。总台人员应在计算机上做好标志，防止将其出租给其他客人而引起麻烦。

（6）请勿打扰房（Do Not Disturb，DND）。住客在房门把手上挂有"请勿打扰"牌或开启请勿打扰灯，意味着客人不希望民宿服务人员进入其房间，对此类房型服务人员要加以关注。到下午3点左右，民宿管家应与客人取得联系，确认房间是否需要清理或何时方便清理。

民宿管家要及时对民宿的客房管理系统进行设置和更新，保证客房状态准确，以帮助民宿业主和工作人员了解房间的使用情况，确保客人的顺利入住和舒适体验。同时，这也有助于提高运营的效率和服务质量。

（三）民宿的价格制定

民宿的价格制定是一个综合多种因素的过程，包括市场定位、季节性需求、成本考量、竞争环境和服务质量等。为了确保民宿的盈利能力和市场竞争力，经营者需要灵活运用多种定价策略。

1. 市场定位

（1）高端豪华体验：如果民宿提供高端豪华的住宿体验，价格应相应提高。这类民宿通常提供独特的设计、高级设施和增值服务，如私人管家、定制餐饮等。

（2）功能性实惠体验：注重功能性和实惠性的民宿，价格保持相对较低水平，以吸引更多经济型游客。

2. 季节性需求

（1）旺季定价：在旅游旺季，民宿可以适度提高价格以获取更多收益。例如，位于旅游景点附近的民宿在旺季时会因高需求而提高价格。

（2）淡季定价：在淡季，为吸引客户，民宿可以采取降价或推出特价优惠等策略。通过这种方式，可以在淡季期间保持较高的入住率。

3. 成本考量

（1）成本导向定价：计算每间房间的成本，包括房屋折旧、水电费、清洁费等，再加上预期利润，从而确定价格。这种方法能确保价格覆盖成本并获得一定的利润。

（2）市场竞争导向定价：参考竞争对手的定价进行适当调整，以确保自身价格具有竞争力。定期跟踪竞争对手的定价策略，并根据其优势与劣势进行调整。

4. 竞争环境

（1）地理优势定价：知名景点附近的民宿可以利用地理优势占据市场份额，采取高价策略。而在没有明显优势的区域，可以通过降价或提供附加服务来增加竞争力。

（2）差异化服务定价：提供与其他民宿不同的服务，如特色早餐、免费接送等，以增加产品或服务的附加值，从而提高价格。

5. 服务质量

（1）价值定价法：根据消费者对服务或产品的感知价值来制定价格。如果消费者对某项服务有明确需求且愿意为其支付更高的价格，可以相应提高价格。

（2）动态定价法：根据市场需求，考虑季节、假日、特殊事件等调整价格。这种策略可以通过在线平台与竞争对手进行实时价格比较来实现。

综上所述，民宿价格的制定需要综合考虑市场定位、季节性需求、成本、竞争环境和服务质量等因素。通过灵活运用多种定价策略，民宿经营者可以实现最大化收益、获得更大的市场份额。

六、客人预订单的填写方法

填写客人预订单（表1-1-2）是民宿运营中的重要环节，它涉及客人的入住信息、需求以及支付等方面。以下是填写散客预订单的一般步骤。

（1）客人信息。首先，记录客人的基本信息，包括姓名、联系方式、电子邮件地址等。这些信息将用于与客人进行后续沟通。

（2）预订日期。确定客人的预订日期，包括入住日期和退房日期。这有助于安排房间的可用性和清洁准备。

（3）房型和数量。根据客人的需求，选择合适的房型和房间数量。如果有不同的房间类别，可以向客人介绍各种选择。

（4）特殊要求。询问客人是否有特殊要求，如床型偏好、无烟房等。如果有，确保在预订中记录下来。

（5）预计抵达时间。询问客人预计抵达的时间，这有助于为客人的到来做好准备。

（6）费用和支付。提供客人所选房型的价格，包括房费、服务费、税费等。如果需要支付预订定金或全款，说明支付方式和截止时间。

（7）确认方式。确定与客人的确认方式，通常是通过短信发送确认函，函件中包含预订详情和支付信息。

（8）取消政策。告知客人有关取消预订的政策，包括是否收取取消费用，取消时间等。

（9）填写订单表格。在民宿的管理系统或预订系统中，填写客人的预订单信息，确保每个细节都被准确记录。

（10）核对信息。在确认填写完毕后，仔细核对客人提供的信息，确保没有错误或遗漏。

（11）发送确认函。根据客人提供的联系方式，发送预订确认函，包括预订详情、费用和支付信息等。

（12）保存记录。在民宿的数据库或系统中保存预订单记录，以备将来参考和核实。

（13）跟进。如果客人有任何问题或需求，及时跟进，确保客人在入住前得到充分的支持和信息。

注意：填写散客预订单需要细心和耐心，确保信息准确、清晰，同时与客人的沟通也要友好和专业。这有助于为客人提供优质的预订体验，以增强民宿的信誉和声誉。

任务实训

为民宿客人提供电话预订服务

一、任务分析

以小组为单位，热情接待每一位客人，模拟散客预订通话，介绍民宿房间的类型及房价种类，以及民宿客房的房态，针对不同类型房间、客人所采用的不同的报价，并完成预订单的填写。

二、任务准备

（1）个人仪容仪表准备。按规范检查个人的仪容仪表，调整好情绪，做到服务热情周到，真心诚意。

（2）物品准备。检查计算机、打印机、传真机、电话和手机是否处于正常工作状态，准备好相关办公用品；准备好预订单、报表、表格和收据。

（3）环境准备。营造民宿的特色环境氛围，播放美妙的轻音乐，迎接客人的到来。

三、任务实施

电话预订程序可由图1-1-3所述步骤完成。

接电话 → 问候客人 → 聆听客人预订要求 → 询问客人姓名 → 推销房间 → 询问付款方式 → 询问客人抵达情况 → 询问特殊要求 → 询问代理人情况 → 复述预订内容 → 完成预订

图1-1-3　电话预订操作流程

民宿管家受理电话预订的服务程序与标准可参考表1-1-1。

表1-1-1　民宿管家受理电话预订的服务程序与标准

序号	程序	标准
1	接电话	铃响三声以内
2	问候客人	（1）问候语：早上好，下午好，晚上好 （2）报民宿名称或管家姓名
3	聆听客人预订要求	（1）确认客人预订日期 （2）查看房源信息
4	询问客人姓名	（1）询问客人姓名 （2）复述确认
5	推销房间	（1）介绍房间种类和房价，从高价房到低价房 （2）询问客人姓名 （3）查询客人是否会员，便于确定优惠价
6	询问付款方式	（1）询问客人付款方式，在预订单上注明 （2）公司或者旅行社承担费用者，要求在客人抵达前做好付款担保

（续表）

序号	程序	标准
7	询问客人抵达情况	(1) 询问抵达具体时间 (2) 如有入住时间要求应向客人说明
8	询问特殊要求	(1) 询问客人特殊要求，是否需要接送服务等 (2) 对有特殊要求者，详细记录并复述
9	询问预订代理人情况	(1) 预订代理人姓名、单位、电话号码 (2) 对上述情况做好记录
10	复述预订内容	(1) 客人姓名　(2) 抵离日期　(3) 航班或车次　(4) 房间类型、数量及房价　(4) 特殊要求　(5) 付款方式　(6) 代理人情况
11	完成预订	向客人致谢，同时向客人介绍自己，以便于今后的再次联络。将以上情况详细填写在预订单上，并签署预订人的姓名和日期

根据预订电话的通话的信息和记录填写表1-1-2。

表1-1-2　预订单填写

Reservation Form

NO．预订号

□新预订 New Booking　　□更改 Amendments　　□等候 ON Waiting List　　□取消 Cancellation

客人姓名 Guest Name	房间数量 No．of Room	房间种类 Room Type	客人人数 No．of Guests	房价 Room Rate	协议单位名称 Company Name

预计到店日期 Original Arrival Date	预计离店日期 Original Departure	抵达航班/车次 Arr．Flight	离开航班/车次 Departure Flight

付款方式 Payment	□公付　　□自付 □含早　　□15%服务费 Surcharge15%		是否确认 Confirmation	□是 Yes □否 No
备注/ 特殊要求 Remarks	□加床 Extra bed　　□婴儿床 Cot　　□双人床 Double bed □其他 Others			
排房 Room Arrangement				

联系人姓名 Contact Name	联系电话或传真号码 Tel．No．& Fax No.	预订人/经手人 Taken By	预订日期 Date Taken

能力拓展

角色扮演，小组讨论

（1）场景案例：家庭度假。

（2）客户信息：客人王东一家4人（小孩两人，1人12岁，1人6岁）在暑假计划为期一周的度假，家庭成员喜欢户外活动。

（3）背景信息：王东在网站搜索到"山间星宿"民宿，周边场景有徒步旅行、观星点和野餐区。

（4）模拟实训：4人一组，其中1人扮演接待员，1人扮演王东，合作开展模拟实训。要求小组合作默契，程序完整，掌握电话预订的服务程序和技能。

任务评价

根据本项目任务内容填写电话预订服务测评表，具体见表1-1-3所示。

表1-1-3　电话预订服务测评表

评价一级指标	评价二级指标	评价标准	赋分/分	自我评价/分	互相评价/分	教师评价/分
知识能力（20分）	专业知识	掌握电话预订服务要点	2			
		掌握预订业务的流程，学会受理预订	4			
		掌握能够推销民宿客房产品	2			
	自学能力	能够通过自己已有的知识、经验来独立地获取新知识和信息	5			
	创新能力	能够跳出固有的课内外知识，提出自己的见解	3			
		能提供增值服务	2			
技能能力（35分）	实操规范	能完成电话预订的准备和服务，按步骤进行，过程符合规范	10			
		操作熟练，电话预订服务各环节衔接流畅	5			
	职业岗位能力	能针对不同客人的特点和特殊需求主动、积极、灵活地提供电话预订服务	10			
		能够处理民宿预订服务工作中的常见问题	5			
		能够推销民宿客房产品	5			

（续表）

评价一级指标	评价二级指标	评价标准	赋分/分	自我评价/分	互相评价/分	教师评价/分
职业素养（45分）	组织能力	能组织协调同学一起讨论问题，分工清晰明确，能及时排解过程中出现的争论	4			
	团队协作能力	表达观点，为小组提供有用的信息、方法	3			
		有团队协作意识	3			
	自我调节能力	能够有效地整合各种学习资源	3			
		遇到问题时可以调整自己的心态	3			
	沟通能力	能跟同学（客人）建立良好关系，跟同学沟通顺畅	4			
		能够正确地组织语言，表达所学内容	5			
	形象礼仪	能够按照职业要求规范职业仪容仪表	3			
		体现礼仪礼貌	3			
	服务意识	能够热情、主动、预见性地提供服务	4			
		从客人角度出发，能换位思考	3			
	责任心	不计较分工，认真完成分配好的角色和任务	3			
		课堂守纪，服从安排	4			
小计			100			
总分＝自我评价/分＊25%＋互相评价/分＊25%＋教师评价/分＊50%			100			
评价总结						
改进方法						

思考与练习

① 民宿管家在提供预订服务前应当做好哪些准备工作？

② 请分析说明个人旅游者、家庭旅游者、商务旅游者、长期租客、艺术青年在预定民宿时的关注点及喜好房型。

任务● 入住与登记服务

任务描述

入住登记是民宿前台对客服务全过程中的一个关键阶段，其工作效果直接影响到前台功能的发挥；办理入住登记手续也是客人与民宿间建立正式的合法关系的最根本的环节。

学习目标

① 掌握入住程序流程，并能熟练填写散客登记单。

② 了解前台接待工作的各项业务及工作程序。

③ 能正确为宾客提供换房、续住、延时退房服务。

④ 有良好的服务意识，礼貌待客，能有效与宾客沟通。

⑤ 有安全意识，能及时发现并处理安全隐患。

情景对话

客户：我通过携程网预订了民宿渔玥客栈的标准间。客栈离北海银滩非常近？

民宿管家：是的，您有预订，我马上给您办理入住登记手续，然后你们就可以去领略银滩的美景了。

情境讨论：

① 为什么要进行入住登记？

② 怎么办理入住登记？

知识准备

一、办理入住登记的目的

民宿入住登记的主要目的是确保住宿个人信息的安全和管理，并配合公安机关开展安全防范工作。通过入住登记，民宿营业者可以掌握客户的基本信息，有利于后续的客户服务、经营管理和客户反馈处理。同时，登记入住信息也能够为城市管理和旅游管理提供必要的依据。此外，入住登记还有助于防止违法犯罪行为，维护公共秩序和社会安全，促进旅游产业的健康发展。入住登记的主要目的总结如下：

（1）遵守国家有关法律规定，我国法律规定只有办理入住登记方可住宿。

（2）建立民宿与客人的合法关系，明确客人与民宿之间的责、权、利。

（3）有助于民宿提供个性化服务，便于民宿优化对客服务和提高管理效率。

二、办理入住登记的主要内容

民宿入住登记的主要工作是为了保障住宿个人信息的安全和管理，同时配合公安机关开展安全防范工作（图1-1-4）。同时，也可以促进旅游产业的发展。

主要包括以下方面。

首先，民宿管家要收集客户个人信息，包括姓名、证件号码、联系方式和入住时间等基本信息。这些信息是登记的基础，并且营业者还需要验证客户身份，以确保填写信息的客户是真实的住宿客人。

图1-1-4　配合公安机关开展安全防范工作

其次，民宿管家需要将登记信息录入客户登记簿，记录客户个人信息、登记时间和相关信息。这些记录可以帮助营业者更好地了解客户需求，提高用户体验和满意度。

再次，民宿管家需要向公安机关备案登记，以便依法经营和配合公安机关开展安全工作。这是一个法律要求，对于保障住宿客人的安全非常重要。

此外，民宿管家还需要保密和保管客户的登记信息，以防止信息泄露和遭到非法使用。及时更新客户信息也是非常重要的，以确保登记信息的准确性和及时性。

三、办理入住登记的主要工作

1. 识别有无预订

（1）征询客人是否预订："先生/女士，请问您是否预订了房间？"

微课　民宿管家入住登记服务

（2）如果客人预订了房间：①请客人稍候，并根据客人预订时使用的姓名或单位核对预订单；②与客人核对预订资料工查找是否有客人留言。

（3）如果客人没有预订：①若有空房，应向客人介绍可出租房间的种类、位置、价格等候客人选择，并回答客人询问。②若已无可供出租房间，应向客人致歉，征询意见是否更换房型，并向客人介绍附近宾馆，讯问是否需要帮助。若客人提出协助要求，应负责帮助客人联络。

2. 填写宾客住宿登记表

住宿登记表至少一式两联，一联留民宿前台收银处保存，一联交公安部门备案，见表1-1-4所列。住宿登记表是有关客人最基本、最原始的资料，一般都要求客人用正楷字填写，尤其是客人的姓名必须填写清楚，易于辨认。

表1-1-4 宾客入住登记表

房号:	姓名:	籍贯:	证件名称	
年龄:	性别:	省（市）市（县）	证件号码	
工作单位或家庭住址:				
预住　　　　天	房费　　　　元	抵店日期	年 月 日 时 分	
预付　　　　元	押金　　　　元	离店日期	年 月 日 时 分	
付款方式	□微信　□支付宝　□信用卡　□住宿券　□旅行社　□储值卡　□优惠券　□其他			
备注	尊敬的宾客：如您有贵重物品，请存入前台保险箱内，本店为您免费保管；但对保管之外的贵重物品的遗失概不负责。 是否有贵重物品寄存？　□是　□否　宾客签名：			
接待员：				

（1）利用客人登记时适时推销民宿产品。

（2）介绍民宿服务和设施。

（3）确认房间类型及价格；如客人提出异议，应根据房源情况进行调整；无法满足客人要求时，应耐心向客人说明并致歉。

（4）核查住宿登记表是否填写齐全。

（5）检查客人有效证件（护照或身份证）照片是否与持证人相符。

（6）核对证件号码和相关资料是否与住宿登记表填写内容。

■上述事项均已确认后，在住宿登记表上注明房号、房价以及接待员姓名，并及时录入电脑。

3. 房间安排注意事项

（1）为了控制能耗，同时便于管理和服务，尽量把客人安排在同一或相近的楼层。

（2）对于残疾、年老的客人，尽量安排在低楼层且离电梯较近的房间。

（3）为了安全，带小孩的客人不要安排在电梯附近。

（4）不要把敌对国家的客人安排在同一楼层或相近的房间。

（5）注意两广客人不要安排带"4"的房号。

（6）西方客人忌讳数字"13"。

任务实训

民宿管家接待庄先生一家四口，并办理入住登记

一、任务分析

以小组为单位，模拟客人已经预订，同时提出要求住在能够看见风景的房间。民宿管家需要确认他们预订的信息，合理安排房间给客户；正确填写客户住宿登记表。

二、任务准备

（1）仪容仪表准备。上岗时要精神饱满、端庄大方、面带微笑、谈吐文雅，注意力集中。遇到宾客时民宿管家要主动点头问好、让路。上岗时，员工的私人物品不得带入工作岗位，当班时站姿端正，无任何小动作、不良举动，不谈论与工作无关的事情，不准打私人电话，不准会客，不准扎堆聊天，不准左顾右盼，不准在岗位上化妆。

（2）准备好各类表格及物品（住宿登记表、预订单、房卡等），并随时保持台面整洁，整理好前日离店客人房单。

（3）办理排房工作：提前做好当日预订散客及团队的房间预排，仔细查看预订资料，注意房间数、房间种类、房费支付方式有无变化及特殊要求。

三、任务实施

入住登记程序由10个相互关联的步骤组成（图1-1-5）。

图1-1-5 入住登记流程

根据入住登记的流程，为客人提供入住登记服务。入住登记的服务程序与标准见表1-1-5所列。

表1-1-5 入住登记的程序及服务标准

序号	服务程序	服务标准
1	接待的准备工作	（1）检查自身的仪容仪表是否符合规范要求 （2）检查设备用品和相关表单 （3）查看民宿当日预订到客名单，了解宾客信息，提前预制入住登记表；查看民宿房态，了解可售房间类型及数量，熟悉民宿内外食、行、游、购、娱等相关信息
2	热情问候宾客	（1）双目注视、面带微笑 （2）宾客走近总台约2米距离时主动问候："您好，欢迎光临！"
3	识别有无预订	（1）询问是否有预订："请问您有预订吗？"询问宾客姓名 （2）查询预订信息，在计算机系统中查找宾客姓名、预订者的姓名，核对联系方式
4	填写宾客住宿登记表	（1）根据核对信息，打印住宿登记表 （2）递送表单：表单正面向宾客，笔放置表单左侧，笔尖朝向自己，双手递送 （3）请宾客确认信息并签名 （4）询问宾客入住天数，以便收取相应押金；同时，计算机系统上时间也要与此一致 （5）适时推销民宿产品和服务

（续表）

序号	服务程序	服务标准
5	核对扫描证件，进行人脸识别	（1）请宾客出示证件，"您好，××先生，麻烦您出示下身份证，好吗？" （2）双手接过，仔细核对 （3）进行人脸识别（根据当时的法律法规要求）
6	安排房间	（1）房间已安排好的进行再次确认，对房间价格等信息再次复述 （2）房间未安排的先查看房态，倾听宾客的要求，再安排房间
7	收取押金	（1）询问宾客的付款方式，"××先生，请问您用现金、微信、支付宝还是信用卡支付？" （2）若现金支付告知宾客预付押金金额，然后收取押金 （3）若微信、支付宝，出示支付码，然后收取押金
8	制作房卡	（1）快速准确地制作房卡 （2）将房卡放入欢迎卡内
9	提醒祝愿宾客	（1）询问宾客有无贵重物品寄存 （2）归还宾客身份证件、信用卡、房卡，双手递上，不可大声说出房间号码 （3）告知早餐时间和地点 （4）询问客人是否需要行李服务 （5）祝愿客人入住愉快
10	信息存储归档	（1）做好住客资料的计算机输入、归档等工作 （2）预订转入住 （3）有过生日的宾客或VIP客人入住，要及时送上人文关怀

能力拓展

庄先生在办理入住登记时提出想借个华为充电器，同时要求帮买两斤芒果送上房间，他提出来听说本地有餐馆提供河豚美食，要求帮他介绍，作为一名民宿管家，您打算如何回复客人要求？

任务评价

根据本项目任务内容填写散客入住登记测评表，具体见表1-1-6所列。

表1-1-6　散客入住登记测评表

评价一级指标	评价二级指标	评价标准	赋分/分	自我评价/分	互相评价/分	教师评价/分
知识能力（20分）	专业知识	了解前台接待工作的各项业务及工作程序	4			
		掌握客人入住程序，并能熟练填写散客登记单	2			
		能够推销民宿客房产品	4			
	自学能力	能够通过自己已有的知识、经验来独立地获取新知识和信息	5			
	创新能力	能够通过学习处理和解决客人的要求和问题	3			
		灵活积极应对突发事件	2			

（续表）

评价一级指标	评价二级指标	评价标准	赋分/分	自我评价/分	互相评价/分	教师评价/分
技能能力（35分）	实操规范	能完成散客入住登记的准备和服务，按步骤进行，过程符合规范	10			
		操作熟练，入住登记服务各环节衔接流畅	5			
	职业岗位能力	能正确为宾客提供客房推销、登记服务	10			
		有良好的服务意识，礼貌待客，能有效与宾客沟通	5			
		能够推销民宿产品	5			
职业素养（45分）	组织能力	能组织同学一起讨论问题，分工清晰明确，能及时排解过程中出现的争论	4			
	团队协作能力	表达观点，为小组提供有用的信息、方法	3			
		有团队协作意识	3			
	自我调节能力	能够有效地整合各种学习资源	3			
		遇到问题时可以调整自己的心态	3			
	沟通能力	能跟同学建立良好关系，跟同学沟通顺畅	3			
		能够正确地组织语言，表达所学内容	3			
		在小组讨论中能够与他人交流自己的想法	3			
	形象礼仪	能够按照职业要求规范职业仪容仪表	3			
		体现礼仪礼貌	3			
	服务意识	能够热情、主动、预见性地提供服务	4			
		有安全意识，能及时发现并处理安全隐患	3			
	责任心	不计较分工，认真完成分配好的角色和任务	3			
		课堂守纪，服从安排	4			
小计			100			
总分＝自我评价/分＊25%＋互相评价/分＊25%＋教师评价/分＊50%			100			
评价总结						
改进方法						

思考与练习

① 为客人安排房间要注意哪些问题？

② 入住登记程序由哪些步骤组成？

③ 入住登记的目的是什么？

任务二　周边游特色服务

任务描述

在客人入住期间，民宿管家需要提供咨询服务。客人可能会有各种问题需要解答，如旅游路线、餐饮推荐、交通信息等。在此时，管家需要有足够的专业知识和经验，能够为客人提供准确、及时的咨询服务。提供周边游特色服务对于民宿业来说是一种增值策略，这不仅能够提升客户体验，还能增加额外的收入来源。通过提供周边游特色服务，民宿可以吸引更多的游客。这些服务通常包括定制的旅游路线、当地文化体验、自然探险等，能够满足不同游客的需求和兴趣，周边特色游有助于民宿在激烈的市场竞争中建立独特的竞争优势，同时促进民宿与当地的合作，支持当地经济发展。

学习目标

① 了解周边的旅游资源和地理环境，包括自然风光、文化遗产、景区、美食等相关信息。

② 了解客户对周边旅游的期待和需求，以便能够针对性地提供服务和规划旅游线路。

③ 结合地方特色旅游资源，提供3种以上特色旅游路线。

④ 结合地方文化，陈述地方特色旅游活动体验。

⑤ 能够根据客情，推荐地方特色旅游路线，提供个性化服务。

情景对话

一句话，家住疍家小镇，最方便地玩转北海。

游客（游客带着孩子）：七八月热浪逼人，我们打算在这儿住三天，有什么好玩的地方吗？

民宿管家：这边好玩的地方很多。您带着孩子可以去海底世界、水上乐园，也可以参观贝雕博物馆、南珠博物馆，我们民宿还提供赶海体验。

情境讨论：

① 你所在的本地有哪些有特色的旅游景点？

② 本地有哪些好玩的旅游项目，可以体验一下当地人的生活？

微课　民宿周边游活动策划与实施

知识准备

一、周边旅游规划的概念和内涵

民宿周边特色游是指以民宿为核心，在其所在地周围，依托当地的自然环境、文化资源、民俗风情、农业生产等资源，提供给游客独特的旅游体验。民宿周边游的内容主要包含以下几个方面。

（1）自然环境体验：利用当地独特的自然风貌，为游客提供原生态的景观体验。比如有山水资源的地区可以策划徒步、观星、赶海、水上运动等活动，为游客提供亲近自然的机会。

（2）本土文化体验：充分利用民宿所在地区独特的文化资源，开展具有地方特色的活动体验，比如传统文化表演、地方美食制作、手工艺品制作等，让游客体验当地生活，了解当地的文化。

（3）乡村生活体验：结合农村的自然和人文资源，提供果蔬采摘、农耕体验，骑行、野生动植物观察等活动，让游客体验与城市生活不同的乐趣。

（4）活动与节日的参与：根据当地的传统活动与节日，设计相关活动体验，如庙会、包粽子、赛龙舟等，让游客参与其中，增强游客的文化沉浸体验。

民宿通过提供周边特色游服务，可以塑造自身的品牌形象，提高知名度和美誉度，吸引更多客人入住，同时也带动餐饮、交通、购物等相关行业的消费增长，助力当地经济的发展和繁荣。

二、民宿周边特色游规划的工作内容

民宿周边旅游的规划内容，包括了解周边景点和资源、调查客户需求、规划旅游线路、选择主要景点、安排活动和体验、制作地图和指南、合作与联系、准备宣传资料、培训员工、反馈和改进等。

（1）了解周边景点和资源。首先，详细了解民宿周边的自然景观、文化遗产、旅游景点等。考虑哪些景点是游客比较感兴趣的，有哪些特色活动可以提供。

（2）调查客户需求。与已入住或计划入住的客户进行沟通，了解他们的旅游意愿和兴趣，从而定制更符合客户期望的线路。

（3）规划旅游线路。根据周边景点和客户需求，规划出几条不同的旅游线路。考虑线路的时间安排、交通方式、景点顺序等因素。

（4）选择主要景点。从规划好的线路中选择主要的景点，这些景点应该具有代表性，能够展示周边的特色和风貌。

（5）安排活动和体验。考虑在线路中加入一些特色活动和体验，比如参观当地农场、参与手工艺制作、品尝特色美食等。

（6）制作地图和指南。为每条线路制作详细的地图和旅游指南，包括景点介绍、交通指引、活动安排等信息。

（7）合作与联系。如果有需要，与周边景点、农家乐、餐厅等商家进行合作，协商可能的合作方案，确保客人可以顺利参与活动。

（8）准备宣传资料。制作宣传资料，可以是线上宣传页面、宣传海报、社交媒体内容等，将旅游线路和活动宣传给客户。

（9）培训员工。确保员工熟悉旅游线路和活动安排，能够向客户提供相关信息和服务。

（10）反馈和改进。在客人完成周边游后，收集客户的反馈意见，根据反馈不断优化和改进线路和服务。

任务实训

推荐民宿周边游线路和景点

民宿管家根据客户陈女士的需求，推荐周边的旅游景点，并提供旅游线路的建议和咨询。

一、任务分析

以小组为单位，模拟制定民宿周边一天或者几天特色游线路。距北海银滩1.5公里的疍家小镇被人们称为"银滩后街"，帆影、渔网等元素交织在疍家文化步行街、文化舞台、文化墙等设施上，充满地方特色。疍家小镇附近景点众多，西有冠头岭和流下村、东有湿地公园、再向东有海丝首港、合浦月饼小镇，以及涠洲岛，去这些地方交通十分便利。体现一句话，家住疍家小镇，能最方便地玩转北海。

二、任务准备

了解周边景点和资源，包括民宿周边的自然景观、文化遗产、旅游景点等。考虑哪些景点是游客比较感兴趣的，有哪些特色活动可以提供。

北海，地处广西南部、北部湾东海岸，区位优势突出，地处华南经济圈、西南经济圈和东盟经济圈的结合部，处于泛北部湾经济合作区域结合部的中心位置，是中国西部地区唯一的沿海开放城市，也是中国西部唯一同时拥有深水海港、全天候机场、铁路和高速公路的城市。北海文化底蕴深厚，是古代"海上丝绸之路"的重要始发港，是国家历史文化名城。

北海是一个浪漫的旅游城市，风光旖旎，气候宜人。北海地处亚热带，阳光充沛，雨量充足，植被丰茂。全年花繁叶绿，自然环境得到很好的保护，大陆和海岛沿岸有众多天然优良海滩，海水温净碧透，浪软如毯，自净力强，水质为国家一级标准。

北海海洋资源丰富，空气清新怡人，负氧离子含量高，堪称中国最大的城市氧吧，享有"中国最适宜居住城市"美称，海岸风光美丽宜人。北海银滩（图1-1-6）被誉为"天下第一滩"，是中国可适宜居住城市"三海一门"（即珠海、北海、威海、厦门）中的一座。

1. 北海银滩

银滩是北海的代表性景点，一直都有"天下第一滩"的赞誉。银滩宽阔平坦，沙质洁白细腻，水质清澈，可以在沙滩上漫步、踏水、捡贝壳、拍美照。除了观光，银滩还有水上项目，例如香蕉船、摩托艇、飞伞、沙滩摩托等等，玩法多样，

图1-1-6　北海银滩

大人小孩都能在这里找到乐趣。

近年来，银滩紧跟时代的步伐，对景区进行了一定程度的升级改造，景观和玩法都变得更加丰富。广场上引人注目的球状雕塑、沙滩旁边的古罗马风格的建筑俨然成了新晋网红拍照点。此外，还能体验海边露营，在海边搭起帐篷，看日出日落，赏着海景吃美食，体现更自然的、更野性的生活方式。

2. 北海老街

北海老街（图1-1-7）是一条历史感满满的街道，走入其中，就像穿越了时空界限，进入了百年前的市井生活场景，听着周围的声音，让人心生感慨。

老街的两侧分布着骑楼式建筑，这些建筑受到了西方文化的影响，中西结合，颇具特色。一幢幢骑楼下开着各色店铺，有玉石店，有特产店，也有服装店，百年老字号和新潮文化相融合，让人目不暇接，迫不及待想在这里留下时光的印记。

图1-1-7　北海老街

3. 海丝首港

海丝首港（图1-1-8）是一个带着汉代风情的港口。这个港口记录着海上丝绸之路在北海的历史印记，见证着时代的变迁，文化意义和纪念意义较强。港口的文化气息浓厚，汉代文化、西洋文化、渔家文化在这里汇合交融，周边坐落着许多特色建筑，兼具汉代文化和西方文化，傍晚在落日和渔船的映衬下，年代感和胶片感十足。除此之外，港口附近的广场上还有文化表演可观看，从演员们声情并茂的演绎中更能感受当地特色文化的魅力。

图1-1-8　海丝首港

4. 流下村

流下村是北海的一座网红村落，自带文艺小清新的滤镜，拍出的照片不用修就很美（图1-1-9）。这个村子依山傍海，历史悠久，历经300多年仍延续至今。里面有很多网红店铺，如手工艺品店、咖啡店、书店、饮品店等等，可以尽情感受悠闲的海边生活，了解渔家文化，还能拍出日系小清新的照片，电影感拉满。

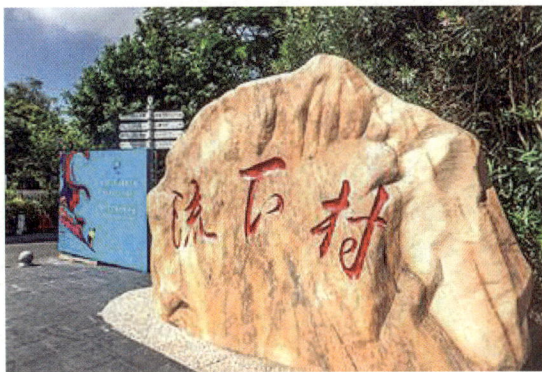

图 1-1-9　流下村

5. 合浦月饼小镇

合浦的月饼历史悠久，闻名广西，是"中国月饼之乡"。早在宋代，苏轼就写过诗句称赞合浦月饼的口感绝佳。合浦月饼口味众多，馅料丰富，包括五仁、红枣、叉烧、莲蓉等多种风味，月饼的大小和形状也各异。在月饼小镇里可以探寻月饼的文化传承，了解历史渊源、制作烘焙技艺，品尝正宗的合浦月饼，甚至亲自动手制作。月饼代表着家人团圆、思乡，家人享用自己动手制作的月饼也是一种不错的体验。总而言之，在这个特别的小镇上，能够从多方面感受和体验传统文化的魅力合浦月饼小镇如图 1-1-10 所示。

6. 北海银基水世界

北海银基水世界是一座水上的乐园（图 1-1-11），足有 26 万平方米。这里游乐设施众多，有极速滑板、造浪池、冰城等多种玩法，家长可以带着小孩去体验，尽情感受肌肤与水浪的碰撞，好玩又刺激，一路欢声笑语。

图 1-1-10　合浦月饼小镇

7. 侨港风情街

陆地面积只有 0.7 平方公里的侨港镇，是中国最小的镇，镇上的侨港风情街只有200 多米，却是北海市人气非常高的美食街（图 1-1-12），这里沿街开满了糖水店、海鲜烧烤店、各地风味菜馆和小吃，选择丰富，价格实惠。由于这一带是越南侨民的居住地，还可以品尝到地道的越南风味美食。风情街距离海滩很近，白天在海滩游玩，傍晚欣赏壮观的日落，然后到这里品

图 1-1-11　北海银基水世界

尝美味的海鲜小吃，非常享受。这里交通发达，从这里前往北海港客运站，坐上观光游轮，一路上还可以欣赏辽阔的大海，城市风光，森林景观……带你更深入地了解和感受北海这座城，欣赏绝美的海上风景。

（1）侨港风情街　　　　　　　　　　　　　　　　（2）蟹仔粉

图1-1-12　侨港风情街及美食

三、任务实施

民宿管家接待客户的周边游线路咨询，并按以下7个相互关联的步骤和程序为客户提供周边旅游特色服务建议（图1-1-13）。

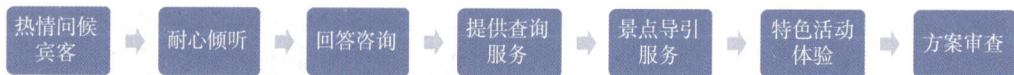

图1-1-13　周边游特色服务流程

根据民宿管家服务的流程，为客人提供周边游特色服务，提供咨询，接待服务程序和服务标准见表1-1-7所列。

表1-1-7　周边游特色服务标准

序号	服务程序	服务标准
1	热情问候宾客	主动起立问好，做到来时有迎声，询问有答声，离开有送声
2	耐心倾听	面向游客，耐心听取游客的问题，不能随意打断游客的叙述
3	回答咨询	面带微笑，自然真诚，热情周到，耐心细致，有问必答
4	提供查询服务	在为游客提供信息查询服务、旅游代理服务、救援帮助、便民服务时，应以最快速度完成，咨询游客等候焦急时，应安慰游客耐心等候
5	景点导引服务	主动询问入住体验和游玩安排，并进行旅游路线的推荐，做好景点的导引工作
6	特色活动体验	（1）根据客人的行程，预测客人的需求 （2）为客人提供周边游特色线路，也可根据客人要求定制线路
7	方案审查	（1）提供服务要量力而行 （2）特色服务最好围绕民宿的风格来设计

能力拓展

民宿周边特色游路线设计

陈女士要在北海逗留四天，请根据客情，融入当地特色和特色服务进行旅游路线的设计。

在北海了解民宿所在地的地理环境、旅游景点文化知识。民宿客栈一般位于旅游目的地，具有鲜明的地域特色和少数民族文化。疍家小镇距离北海银滩1.5公里，被人们称为"银滩后街"，具有鲜明的疍家文化特色，要了解疍家文化的历史、建筑、音乐、饮食、习俗、语言、服饰、节日等。很多客人通过入住在民宿客栈中来了解、体验当地特色鲜明的文化，这是客人之所以选择民宿客栈的重要的驱动力。客人在入住期间，从客栈管家那里学了几句咸水歌，或者打卡疍家小镇的特色涂鸦墙或者品尝有特色的美食，对于客人而言，这是一种很好的文化体验。这些文化知识可以通过专门相关书籍或影视资料去了解或者向当地人请教学习。

根据上述情况，提供一日或三日内的旅游景点、旅游路线，并做出分析比较。

任务评价

根据本项目任务内容填写周边游特色服务测评表，具体见表1-1-8所列。

表1-1-8 周边游特色服务测评表

评价一级指标	评价二级指标	评价标准	赋分/分	自我评价/分	互相评价/分	教师评价/分
知识能力（20分）	专业知识	掌握周边旅游景点的相关知识	4			
		掌握提供问询服务的方法和技巧	2			
		掌握特色旅游线路的设计原则、技巧	4			
	自学能力	能够通过自己已有的知识、经验来独立地获取新知识和信息	5			
	创新能力	能够跳出固有的课内外知识，提出自己的见解	3			
		能根据所学知识自己设计周边游活动主题	2			

（续表）

评价一级指标	评价二级指标	评价标准	赋分/分	自我评价/分	互相评价/分	教师评价/分
技能能力（35分）	实操规范	能完成特色文化体验的准备和服务，按步骤进行，过程符合规范	10			
		操作熟练，特色文化体验服务各环节衔接流畅	5			
	职业岗位能力	能针对不同的客人的特点和特殊需求主动、积极、灵活地提供周边游特色服务	10			
		关注客人旅游生活习惯和需求	5			
		能正确使用服务所需的设施设备	5			
职业素养（45分）	组织能力	能组织同学一起讨论问题，分工清晰明确，能及时排解过程中出现的争论	4			
	团队协作能力	表达观点，为小组提供有用的信息、方法	3			
		有团队协作意识	3			
	自我调节能力	能够有效地整合各种学习资源	3			
		遇到问题时可以调整自己的心态	3			
	沟通能力	能跟同学建立良好关系，跟同学沟通顺畅	3			
		能够正确地组织语言，表达所学内容	3			
		在小组讨论中能够与他人交流自己的想法	3			
	形象礼仪	能够按照职业要求规范职业仪容仪表	3			
		体现礼仪礼貌	3			
	服务意识	能够热情、预见性地提供服务	4			
		把客人当作朋友	3			
	责任心	不计较分工，认真完成分配的角色和任务	3			
		课堂守纪，服从安排	4			
小计			100			
总分＝自我评价/分＊25%＋互相评价/分＊25%＋教师评价/分＊50%			100			
评价总结						
改进方法						

思考与练习

① 您所在的地区可以提供哪些本土文化体验活动？

② 请设计一条为期一天的美食特色游线路。

微课　打造民宿特色文化

项目1-2　民宿管家客房服务

客房是客人休息的地方，也是客人在民宿逗留时间最长的地方。客人在客房内会与各种设施用品充分接触，客房内的清洁卫生既是客人住宿安全的要求之一，又是客人衡量民宿服务质量的重要指标之一。因此，客房清扫服务与质量控制是民宿管家管理工作的重中之重。

任务一　客房清洁服务

任务描述

在民宿行业中，房间清洁无疑是客人关注的核心环节之一。对于入住的宾客而言，一个干净整洁的房间不仅是他们最基本的需求，更是确保住宿体验舒适愉悦的关键。相较于其他服务元素，如多样化的餐饮选择、舒适的床铺、完善的客用设施以及便捷的通信设备，房间的清洁度显得尤为重要。客人期待入住的房间清洁无尘，室内空气清新宜人。因此，民宿管家需严格把控房间清洁标准，确保每位客人入住时，房间均达到最佳状态，所有设施完好无损。这样的细致服务不仅能够提升客人的满意度，更有助于增强客人的忠诚度，为民宿赢得良好的口碑。

学习目标

① 了解民宿客房清洁程序，掌握民宿客房清洁流程。

② 了解民宿客房常见污渍处理的方法。

③ 能按照流程完成客房的清洁。

④ 能根据客房清洁卫生标准，检查客房清洁程度。

微课　民宿客房清洁流程

情景对话

有一个温馨整洁的客房环境，能提升民宿旅游的幸福感。

客户：早上好！我发现房间现在有些凌乱，能否安排一下客房的清洁呢？

民宿管家：早上好！非常感谢您的反馈，我们非常重视客房的清洁度。我会立即为您安排专业的清洁服务，确保您的房间尽快恢复整洁。请问您方便在房间时进行清洁吗？如果有其他要求或时间上的考虑，也请随时告诉我。

客户：我现在要外出，你们可以随时进行清洁。

民宿管家：明白了，感谢您的配合。我们会尽快为您完成清洁工作，确保您回来时房间整洁舒适。如果您在之后有其他需求或建议，请随时联系我们，我们将竭诚为您服务。

情境讨论：

① 你了解客房清洁程序吗？

② 为什么要提前进行客房清洁？

微课　民宿客人遗留品的处理

知识准备

一、客房清洁准备

准备好做清洁用的工具篮，检查清洁工具是否齐全，清洁工具及物品包括全能清洁剂、马桶刷、洗漱用品（通常不需要为每间客房准备牙刷，除非有特别需求或作为额外服务提供），各色抹布、镜布及手套等。

二、客房清洁

客房清洁的流程如图1-2-1所示。

图1-2-1　客房清洁流程

（1）进入房间。确认客人已退房离开后，可直接开门进入房间。无法确认的情况下，敲门三下，确认没人后再进入房间。

（2）巡视检查。开窗透气，打开房间所有照明灯具，检查是否完好有效。检查和调节空调至适当温度，巡视门、窗、窗帘、墙面、天花板、电视、电话及所有家具是否完好，如有损伤及时修复。如果是走客房，应检查是否有客人的遗留物品，若有发现，做好记录，随后与客人联系。

（3）清洁垃圾。清理房间内垃圾桶及烟灰缸内的垃圾前，应检查垃圾桶内是否有文件或有价值的物品，烟灰缸内是否有未熄灭的烟头，清洁垃圾桶和烟灰缸，确保垃圾桶及烟灰缸干净无污迹，更换新垃圾袋。然后清理脏了的布草，床上的布草逐层拆撤，将床上被芯和枕芯放在椅子或沙发上，确认里面没有客人的小件衣物或其他物品，换下床上的布草连同浴室内更换的毛巾一起，放入布件袋中。

（4）铺床。按照中式铺床的操作流程，规范铺床。要求：床单正面朝上，被子、枕头的四角到位饱满，枕芯不外露，整张床面平整、对称、美观。具体操作步骤如下。

第一步：将床拉出。

第二步：站在床尾将床慢慢拉出，离床头板30~50cm。对正床垫，并注意床垫四边所标明的月份字样，按期翻转床垫，使其受力均匀平衡。

第三步：铺床单。

① 抖单。站在床尾、床头或床的一侧的中间位置，抖开床单，正面朝上。

②定位。抖单时看准方向和距离，床单中线对正床垫中线。

③包角。床单四角包好床垫，将床的两侧包成4个45°角，床单要包得紧绷平整（图1-2-2）。

第四步：套被子。将被芯套入，床头板一侧被子与床头齐平，被套中线居中，床尾内衬不外露，被角不垂地。

第五步：套枕套，放枕头。将枕芯塞入枕套，枕芯四角充满枕套四角，整平、拍松，放置于床的正中，两个枕头重叠摆放。单人床将枕套口反向于床头柜，双人床将枕套口相对。

图1-2-2　中式铺床（包边包角）

第六步：将床推回、检查。将床推回原位，检查，整理定型，中式铺床效果如图1-2-3所示。

（5）抹尘（图1-2-4）。准备一湿一干两块抹布，按照环形清理、从上到下、干湿分开的原则擦尘，做到不留死角。每擦一件家具、设备时都要检查是否有无损坏，如有，要及时更换。

图1-2-3　中式铺床效果

图1-2-4　抹尘

（6）清洁浴室（图1-2-5）。客人入住民宿后，对其而言重要的区域之一就是盥洗室。盥洗室是宾客认为必须保证干净和卫生的区域。盥洗室需要达到卫生标准，看上去干净，空气清新，避免有害细菌存在。

①清洁浴室先从面盆开始，然后清洁浴缸、淋浴间、淋浴间墙面、恭桶、浴室地面。

②将客人的物品复原。

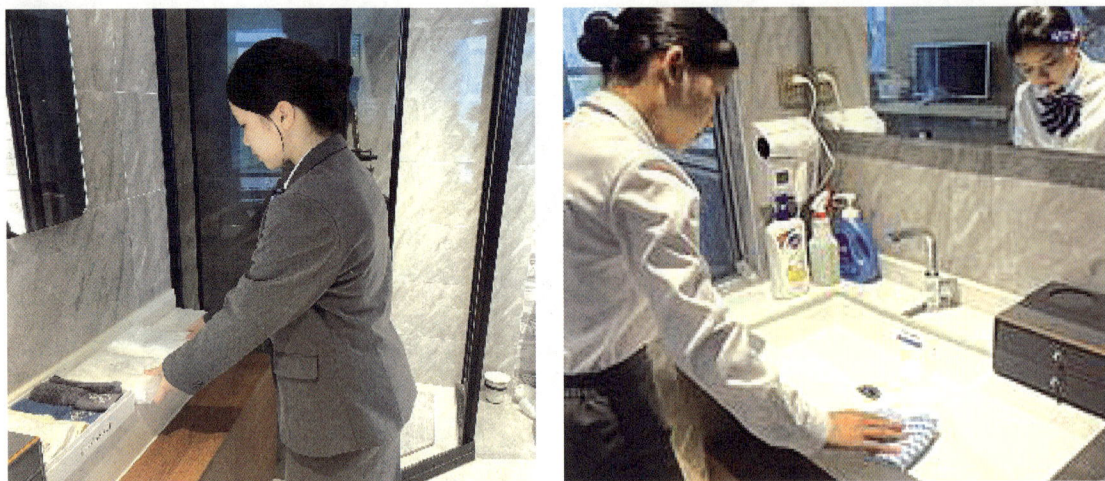

图1-2-5　清洁浴室

（7）**补足用品**。补足相应的客用品，补充已经消毒好的杯具，根据客人的偏好调整浴室用品的摆放。

（8）**拖地**。从里往外拖，整个地面应干净、无灰尘、无毛发。

（9）**环视检查房间**。房间物品应摆放整齐，床面平整美观。

（10）**离开房间**。检查合格后方可离开房间。

特别提示：根据客人的实际使用情况和反馈来决定是否每次都消毒杯子，或者提供可重复使用的环保杯子。

三、检查客房

1. 检查客房的方法

检查客房又称查房，查房是民宿客房管理的重要环节，确保客房设备的完好、环境的整洁、物品的布置合格，能够出租给客人，能给客人提供优质的服务和保障客人良好的入住体验。完成清洁流程后，可以通过以下方法自查或由管家检查清洁工作是否合格。

查房方法：顺时针或逆时针看、听、闻、摸、试。

（1）看摆放是否整齐。

（2）看物品是否齐全或多余。可根据客人的需求和偏好进行灵活调整，不必完全遵循酒店的标准化配置。

（3）看是否有蚊虫、毛发等。

（4）听空调是否有杂音等。

（5）闻房间是否有异味等。

（6）摸卫生是否合格。需要达到一定的卫生标准，但可以根据实际情况和客人的反馈进行适度调整，不必过于严苛。

（7）试设备是否能用。

（8）定期检查水龙头水锈等，不用每次查房都进行，以平衡服务质量和运营效率。

2. 检查客房的卫生标准

（1）感官标准。检查后房间应干净清洁（图1-2-6），无毛发、无污渍、无灰尘、无异味、物品符合对客呈现，设备完善能正常使用。

（2）生化标准。有特殊情况或客人有特殊要求时，民宿定期送检关键物品以确保生化安全，同时保持室内空气清新。在日常运营中，可以通过通风换气、使用环保清洁剂等方式来维护生化环境。

图1-2-6 检查房间是否干净清洁

总之，房间清洁的卫生标准：眼睛能看到的地方无污迹；手能摸到的地方无灰尘；设备用品无病毒；空气清新无异味，房间卫生达"十无"。

任务实例

为民宿客人提供客房清洁服务

一、任务分析

民宿客房清洁服务是确保客人有一个愉快、整洁的住宿体验的关键环节，包括准备好清洁工具、床上用品更换、洗漱用品补充、垃圾桶清理、浴室清洁、地面清扫和拖地、家具擦拭和镜子清洁、特殊区域清洁和设备清洁、客人特殊要求处理等等。客房清洁整理工作中的标准化、程序化是极其重要的，只有以高度负责的态度，严格按照标准操作，才能使客人安心、满意。

二、任务准备

（1）个人仪容仪表准备。按规范检查个人的仪容仪表，调节好情绪，注重个性化和亲和力，做到真心诚意。

（2）物品准备。准备好做清洁用的工具篮，检查清洁工具是否齐全；准备好相关棉织品、一次性消耗品和水杯等物品。

（3）环境准备。根据自身主题和风格进行个性化布置，以营造独特的入住体验，迎接客人的到来。

三、任务实施

如何为北海疍家小镇民宿客人提供客房清洁服务呢？民宿管家客房清洁的服务程序如图1-2-7所示。

进入房间 → 巡视检查 → 清洁垃圾 → 铺床 → 抹尘 → 清洁浴室 → 补足用品 → 拖地 → 环视检查房间 → 离开房间

图1-2-7 民宿管家客房清洁的服务程序

民宿管家客房清洁的服务标准见表1-2-1所列。

表1-2-1　民宿管家客房清洁的服务标准

序号	程序	标准
1	进入房间	(1) 确认客人已退房离开后，可直接开门进入房间 (2) 无法确认的情况下，敲门三下，确认没人后再进入房间
2	巡视检查	(1) 开窗透气，打开房间所有照明灯具，检查是否完好 (2) 检查是否有客人的遗留物品，若有发现，做好记录，随后与客人联系
3	清洁垃圾	(1) 清理房间内垃圾桶及烟灰缸内的垃圾 (2) 撤出茶具、玻璃杯、脏布草
4	铺床	(1) 床单正面朝上，被子、枕头的四角到位饱满 (2) 枕芯不外露，整张床的床面平整、对称、美观
5	抹尘	(1) 按照环形清理、从上到下、干湿分开的原则擦尘 (2) 每擦一件家具、设备时都要检查有无损坏，如有要及时更换
6	清洁浴室	(1) 面盆最先清洁，然后清洁浴缸、淋浴间、淋浴间墙面、恭桶、浴室地面 (2) 将客人的物品复原
7	补足用品	(1) 补足相应的客用品，补充已经消毒的杯具 (2) 按规定位置摆放好
8	拖地	从里往外拖，整个地面应干净、无灰尘、无毛发
9	环视检查房间	房间物品应摆放整齐，床面平整美观
10	离开房间	检查合格后方可离开房间

能力拓展

天空的院子

　　"天空的院子"是一家位于偏远山区的特色民宿，它的故事起源于一位摄影爱好者的偶然发现。创始人在大学二年级时，因一次摄影采风邂逅了这个宁静美丽的小镇，并在山间发现了一所古老的张家古厝，留下了深刻的印象。大三时，他决定放弃继续升学的机会，贷款修缮这所老房子，将其改造成民宿。

　　起初，"天空的院子"生意并不理想，甚至因为无法偿还银行贷款而接到了银行的查封通知。然而，一次偶然的机会，一群热爱自然的作曲家来到此地，被他的创业故事所打动，决定以此为灵感创作同名专辑《天空的院子》。这张专辑后来获得了金曲奖，使得"天空的院子"一炮打响，吸引了大量游客前来探访。随着知名度的提升，"天空的院子"不仅成为热门的旅游景点，还保留了其独特的文化和自然氛围。民宿提供了与当地自然环境紧密结合的体验活动，如徒步、摄影、星空观测等，让客人在享受舒适住宿的同时，也能深入体验乡村生活的美好。

面对日益增多的游客，他开始思考如何保持小镇的持续发展动力。他意识到，过度的商业化可能会破坏当地的生态环境和居民生活。因此，他倡导以更加环保和可持续的方式运营民宿，同时鼓励游客尊重当地文化和习俗，共同维护这片净土。

请回答：

① 民宿行业在追求商业成功的同时，如何兼顾文化传承、环境保护和可持续发展。一个成功的民宿不仅仅是一个提供住宿的地方，更是一个能够触动人心、传递文化价值和生活态度的空间。

② 做一个善于学习的人。

任务评价

根据本项目任务内容填写客房清洁服务测评表，具体见表1-2-2所列。

表1-2-2　客房清洁服务测评表

评价一级指标	评价二级指标	评价标准	赋分/分	自我评价/分	互相评价/分	教师评价/分
知识能力（20分）	专业知识	了解民宿客房清洁程序	4			
		掌握民宿清洁卫生安全标准	2			
		掌握民宿客房清洁流程	4			
	自学能力	能够通过自己已有的知识、经验来独立地获取新知识和信息	5			
	创新能力	能够跳出固有的课内外知识，提出自己的见解	3			
		敢于标新立异	2			
技能能力（35分）	实操规范	能完成客房清洁的准备和服务工作，按步骤进行，过程符合规范	10			
		操作熟练，客房清洁服务各环节衔接流畅	5			
	职业岗位能力	能针对不同客人的特点和特殊需求、主动、积极、灵活地提供客房清洁服务	10			
		关注客人生活习惯和需求	5			
		能正确使用服务所需的设施设备	5			
职业素养（45分）	组织能力	能组织同学一起讨论问题，分工清晰明确，能及时排解过程中出现的争论	4			
	团队协作能力	表达观点，为小组提供有用的信息、方法	3			
		有团队协作意识	3			
	自我调节能力	能够有效地整合各种学习资源	3			
		遇到问题时可以调整自己的心态	3			

（续表）

评价一级指标	评价二级指标	评价标准	赋分/分	自我评价/分	互相评价/分	教师评价/分
职业素养（45分）	沟通能力	能跟同学建立良好关系，跟同学沟通顺畅	3			
		能够正确地组织语言，表达所学内容	3			
		在小组讨论中能够与他人交流自己的想法	3			
	形象礼仪	能够按照职业要求规范职业仪容仪表	3			
		体现礼仪礼貌	3			
	服务意识	能够热情、主动、预见性地提供服务	4			
		把客人当作朋友	3			
	责任心	不计较分工，认真完成分配好的角色和任务	3			
		课堂守纪，服从安排	4			
小计			100			
总分＝自我评价/分＊25%＋互相评价/分＊25%＋教师评价/分＊50%			100			
评价总结						
改进方法						

思考与练习

① 民宿客房清洁的流程是什么？

② 查房的8个方法是什么？

任务二　客房设施维护与保养服务

任务描述

　　民宿公共区域是民宿的重要组成部分。民宿公共区域的清洁保养水准直接影响或代表整个民宿的经营水准。民宿公共区域的设施设备很多，其清洁保养工作直接影响到民宿的正常运行以及设施设备的使用寿命。因此，做好民宿公共区域的清洁保养工作有着特别重要的意义。民宿管家要养成按规范做事，按流程办事的习惯；树立严谨的规范意识和制度意识。民宿管家要知晓严谨的规范操作，更要在细节处时时刻刻体现"家"的氛围。

学习目标

① 了解民宿的设施设备保养和维护的制度。

② 掌握民宿客房设施常见故障处理的方法。

③ 能进行民宿各类设施设备保养和维护。

④ 能够清洁保养民宿常用电器设备。

微课　民宿设施设备使用方法介绍

情景对话

完善的客房设施设备，会为客户提供良好的体验。

客户1：之前朋友推荐过这里，说老板服务很周到、热情，我们这次来特地体验一下，入住感觉的确是不错的！

客户2：民宿饭菜可口、客房干净整洁，地板拖得很干净，亮得都能照镜子了！

民宿管家：得到客人肯定，简直是太有成就感了！

情境讨论：

① 什么是民宿的设施设备保养和维护？

② 为什么要进行客房设施设备保养和维护？

知识准备

民宿内有许多电器设备设施，维护好这些设备设施，就能让设备少"生病"，延长其使用寿命，帮助民宿主人降低经营成本。那么哪些设施设备是需要维护的，又该怎样维护呢？

一、客房设施维护与保养的意义

客房设施设备的维护与保养在民宿运营与管理中具有重要的意义，以下是一些关于其意义的要点。

(1) 提供良好的客户体验。客房是民宿客人居住的地方，设施设备的正常运作能够为客人提供舒适、便利的居住体验，增强客户满意度，提高客户忠诚度，促使客人选择再次入住或者推荐给他人。

(2) 保证安全和健康。客房内的设备，如电器、卫生间设施等，如果没有经常维护和保养，可能存在安全隐患，如电器故障、漏水等，可能对客人的安全和健康构成威胁。

(3) 延长设备寿命。定期的维护保养可以延长设备的使用寿命，减少设备的损坏和故障，降低更换设备的成本，提高设备的使用效率。

(4) 节约成本。长期以来，保养成本要远远低于设备突然故障后的修理或更换成本。定期维护可以在设备出现严重问题之前识别和解决潜在的小问题，避免了大规模的维修费用。

(5) 提高工作效率。设备的正常运作可以帮助民宿管家更高效地完成工作任务，提升服务质量，减少因设备故障而引起的不必要的时间浪费。

(6) 维护民宿声誉。设备损坏或故障可能导致客人投诉，对民宿声誉造成负面影响。保持设备设施的良好状态有助于维护民宿的声誉和形象。

(7) 遵循法规标准。在许多国家，民宿必须遵循一定的法规和标准，确保客房设备的安

图1-2-8 完好的设施设备提供良好的
视觉与功能体验

全性和功能性。定期维护和检查有助于民宿遵守这些法规。

（8）**环保和可持续性**。维护和保养可以确保设备以最高效率运行，从而减少能源和资源的浪费，符合环保和可持续发展的原则。

总之，客房设施设备的维护与保养不仅影响着民宿的运营效率和客户体验，还关系到安全、成本和声誉等多个方面（图1-2-8）。因此，民宿管家应该重视这项工作，建立科学的维护保养计划，确保设备设施的良好状态。

二、客房设施维护与保养制度

设施设备保养和维护制度是确保民宿正常运营和提供优质客户体验的关键要素之一。以下是一些民宿管家应该考虑的设施设备保养和维护制度。

（1）**定期巡检和保养计划**。根据自身规模和设备情况，制定更为灵活和个性化的巡检保养计划。对于小型民宿，可以侧重于关键设备的定期检查和保养，包括电器设备、卫生设施、空调、暖气、热水器、网络设备等。这可以确保问题能够及早发现并解决。

（2）**维护记录**。每次设备巡检和保养后，应该记录巡检日期、维护内容、维护人员等信息，应该简化记录方式，采用电子或纸质表单，重点记录关键设备的维护情况，这有助于跟踪设备的维护历史，发现问题的趋势，以及评估维护工作的有效性。

（3）**故障处理流程**。根据实际情况调整故障处理流程，确保快速响应客人需求的同时，保持操作的灵活性，确保问题能够迅速得到处理，减少客人使用的不便。例如，小型民宿可能不需要复杂的分类和优先级系统，而是侧重于快速响应和解决问题。

（4）**培训与人员管理**。侧重于民宿主或兼职维护人员，重点掌握基础维修技能和应急处理方法。同时，可以通过外部专业服务商来提供定期的专业维护和检查。

（5）**更新和升级计划**。根据客人的反馈和市场需求逐步调整。不必像大型酒店那样进行大规模的定期更新，而是注重性价比和实际需求。

（6）**合规性检查**。基本的合规性检查，确保关键设备符合安全标准。定期进行检查，防止违规和潜在风险。

（7）**客户反馈**。民宿管家应高度重视客户反馈，作为改进服务的重要依据。可以通过直接沟通、在线评价等多种方式收集反馈，并及时响应客人的需求和提问。

（8）**预算管理**。根据经营情况和设备状况合理安排资金。可以优先保障关键设备的维护和更新，同时注重成本控制和服务质量的平衡。

总之，民宿的设施设备保养和维护制度应该是系统化、科学化的，注重预防和持续改进，以保障民宿的运营稳定和客户满意度。

三、客房设施维护与保养的内容

（一）客房设施日常清洁

1. 污渍清洁

（1）按污渍源划分。

① 茶渍。被茶渍污染的家具，可以在桌上洒些水，用香烟盒里的锡箔纸来擦拭，然后用水擦洗，就能把茶渍洗掉。对于泡过茶的陶瓷茶具，往往沉积一层褐色的污垢，很难洗净。如果用细布蘸上少量牙膏，轻轻擦洗，很快就可以洗净，而且不会损伤瓷面。

② 油墨污渍。被油墨污染的家具，可用白醋与热水混合成 1∶1 比例的溶液进行擦拭，醋酸可有效去除污渍。

（2）按污渍位置划分。

① 家具污垢清洁。如果民宿有白色家具，用抹布难以擦去表面污痕，可将牙膏挤在干净的抹布上，只需轻轻一擦，家具上的污痕便会去除。注意用力不要太大，以免伤到漆面。此外还可以用泡过的茶包来去除家具上的污渍，将纱布包裹茶叶包或者用干布蘸冷茶水进行擦拭，这样可保证家具的本来色泽。

注意：用茶水擦拭后的家具要用清水再次擦拭干净，以免茶渍影响家具本来的颜色。

② 马桶顽固污迹清洁。一般情况下，用马桶刷蘸洗涤剂就能去污，但对于不易刷净的马桶圈上的脏物不起作用，可以把卫生纸贴在脏的地方，洒上清洁剂湿敷一会儿，再刷就能轻松去除污渍。

③ 开关、插座、灯罩清洁。电灯开关上留下手印痕迹，用橡皮一擦，即可干净如新。插座上如果沾染了污垢，可先拔下电源，然后用软布蘸少许去污粉擦拭。清洁带有皱纹的布制灯罩时，用软毛牙刷做工具，不易伤灯罩。清洁丙烯材质的灯罩，可抹上洗涤剂，再用水洗去洗涤剂，然后擦干。普通灯泡用盐水擦拭即可。

④ 面盆污迹。民宿面盆边上的积垢，可用百洁布蘸点牙膏擦拭，可很快除去积垢（图 1-2-9）。

⑤ 客房角落、地毯和墙壁的接缝处清洁。客房角落、地毯和墙壁的接缝处是最难打扫的死角，非常容易产生霉垢，可试着用牙刷清理刷净。如果遇到比较难清理的污垢，则可用牙刷蘸洗涤剂刷除，再用水清洗干净，保持干燥即可。

2. 痕迹修复

① 裂痕。民宿地板或木质家具出现裂缝。可将旧报纸剪碎，加入适量明矾，用

图 1-2-9 卫生间面盆日常清洁保养

清水或米汤煮成糊状，用小刀将其嵌入裂缝中抹平，干后会非常牢固，再涂以同种颜色的油漆，家具就能恢复本来面目。

②烫痕。如果把盛有热水的茶杯直接放在家具上，漆面往往会留下一圈烫痕。可以用抹布蘸酒精、花露水、碘酒或浓茶，在烫痕上轻轻擦拭；或者在烫痕上涂一层凡士林油，隔两天再用抹布擦拭，烫痕即可消除。此外，对于家具上的烫痕，还可用蘸有柠檬汁的抹布擦拭，然后再用热水擦拭一次，就可恢复家具本来的光亮色泽。

③焦痕。烟头或未熄灭的火柴等燃烧物，有时会在家具漆面上留下焦痕。如果只是漆面被烧灼，可在牙签上包一层硬布，在痕迹处轻轻擦抹，然后涂上一层蜡，焦痕即可除去。

（二）客房电器设备保养

1. 空调保养

定期清洗空调过滤网，并视情况安排专业人员进行内外机清洁。

2. 电视机保养

①将电视机放置在光线直射不到的地方，因为暴晒会加快电视机显像管的老化速度，乃至机壳开裂。

②避免将电视机放置在潮湿地方，同时要注意防止酸、碱等气体的侵蚀，以免引起电视机的金属件生锈或是元件断裂，从而导致电视机接触不良。

③清扫客房时，定期用干布擦拭电视机外壳，保持清洁。

④电视机不用时，要用布将其罩住，以免灰尘落入，并定期用软毛刷清除机内的灰尘。

⑤在天气潮湿的雨季，应注意将电视机每天通电一段时间，以散发的热量来驱除潮气。

⑥尽量避免经常搬动电视机，以减少意外事故的发生。

3. 电冰箱保养

①将冰箱放置于干燥通风、温度适中的地方，最好使其背面、侧面距墙10厘米左右，以利于电冰箱散热，并保证空气自然对流。

②要注意经常对冰箱进行清洗，尤其是门下面的胶边，更要注意清洁保养。

③在使用一段时间之后，要对冰箱进行内部清理，以此来清除污物，避免生成细菌。

4. 室内其他电器设备的保养

对于室内的其他电器设备，根据实际情况调整保养频率和方法，如各种照明的灯具，也要注意适当的保养，经常用干布擦拭，电源要防潮，保证插座的牢固等。对于室内的电话，也要经常用干布进行擦拭，并定期用酒精消毒。

（三）客房家具设备保养

1. 木质家具保养

对于室内的木质家具，应经常进行除尘工作，保持其清洁光亮，特别关注门窗的密封性和安全性，另外，还要注意防潮、防水、防蛀和防热。

①防潮。木质家具受潮后容易变形、腐烂，因此客房一定要经常通风，保持干燥。

② 防水。与防潮的道理一样，客房的木质家具也要注意防水，否则会使家具的漆面起包，甚至发霉。应格外小心不能让水溅到家具表面，如果不慎溅到了，应该立即予以清除。

③ 防蛀。要定期杀虫，如杀白蚁，避免白蚁损坏木质家具；放置樟脑丸或是喷洒药剂来防止蛀虫在木质家具中繁殖。

④ 防热。阳光的照射会导致木质家具颜色减退，因此，房间内的窗帘在一般情况下要拉上。

2. 卫生设备保养

客房内的卫生设备，应勤洗勤擦，保持其清洁与光泽。在清洗时，要注意选择正确的清洁剂，一般是选用中性的清洁剂，不能是强酸或强碱等，因为后者会对浴缸、洗脸盆等设施的釉质造成损伤，破坏瓷面的光泽，还会腐蚀下水道。

（四）客房物体结构保养

1. 墙面保养

要根据墙面材质（如墙纸、涂料等）调整保养方法，有以下几点需要注意。

① 为了保证墙面的清洁，应经常对墙面进行吸尘，日常清洁的次数多了，大清洁的次数就可以减少。

② 在对墙面进行大清洁时，应在清洁之前先用小块湿布在墙纸上擦一下，查看墙纸是否掉色，而后再确定是用水还是用膏型的去污剂清洁。

③ 如有天花板漏水等现象，应及时通知维修人员前来维修，以防止墙面脱落或发霉等。

2. 门窗保养

① 雷雨天或是刮风时应关好客房的窗户，以防止摔坏玻璃或是雨水进入房内。

② 平常开关窗户时应养成轻开轻关的习惯。

（五）民宿设施设备保养注意事项

① 要定期清洗空调过滤网，并视情况安排专业人员进行内外机清洁。

② 房间内的电水壶要确保干净卫生。

③ 民宿在乡村或者民宿是老宅的，梅雨季节一定要开空调或者除湿机抽湿，保护好电器及木质家具或用品。

④ 要定期杀虫，如杀白蚁等，避免白蚁损坏木质家具。

⑤ 定期清洁客房吸尘器，确保吸尘器性能良好，避免灰尘积累影响清洁效果。

⑥ 民宿内如果配有洗衣机的，要定期用专业清洁剂清洁保养客用洗衣机、烘干机。

⑦ 客房的五金件要定期清洁、上油以及保养。这有助于延长五金件的使用寿命，提升客房整体品质。

⑧ 如果公共区域铺有地毯的，也要定期清洁保养。

⑨ 民宿内大理石材等石料的保养，每年至少请专业机构来保养一次。

⑩ 民宿要根据入住率来灵活制定单独清洁与大清洁的计划，保持设施设备的干净卫生。

任务实例

为民宿提供床垫清洁和保养服务

一、任务分析

床垫作为客房内的重要家具之一，与客人的睡眠质量直接相关，同时也是容易积累污渍、尘螨和细菌的地方。经常对床垫进行清洁和保养，不仅能够提升客人的住宿体验，还能保障客人的健康。

二、任务准备

（1）物品准备。吸尘器、床垫清洁剂、刷子或海绵、消毒用品（如酒精、紫外线灯、床垫消毒剂）、防护用品（手套、口罩、围裙）、干燥设备（风扇、吹风机）。

（2）其他准备。了解床垫材质、制定清洁计划、保持房间通风换气、注意用电安全和化学物品安全使用、记录清洁情况和客人反馈场地准备。

三、任务实施

床垫清洁服务程序可按图1-2-10所述步骤完成。具体的服务程序与标准可以参考表1-2-3。

准备工作 ➡ 现场查评 ➡ 表面清洁 ➡ 深度消毒 ➡ 干燥与通风 ➡ 记录与反馈

图1-2-10　民宿管家床垫清洁服务的程序

表1-2-3　民宿管家床垫清洁服务的程序与标准

序号	程序	标准
1	准备工作	准备好必需的清洁用具和工作物品
2	现场查评	（1）检查床垫的脏污程度、损坏情况 （2）评估清洁难度
3	表面清洁	（1）吸尘处理：使用吸尘器清除床垫表面的灰尘、皮屑和头发等杂物 （2）预处理污渍：对于明显的污渍，使用清洁剂进行预处理，软化污渍，便于后续清洁
4	深度清洁与清毒	（1）全面清洁：根据床垫材质选择合适的清洁方法，使用刷子或海绵配合清洁剂对床垫进行全面清洁。注意避免过度湿润床垫，以免内部受潮 （2）消毒处理：使用消毒用品对床垫进行消毒处理，杀灭细菌和病毒。确保消毒剂完全挥发后再进行下一步操作
5	干燥与通风	（1）快速干燥：使用风扇或吹风机加速床垫干燥过程，防止潮湿滋生细菌 （2）保持通风：确保房间通风良好，有助于床垫快速干燥和散发异味
6	检查与记录	（1）清洁完成后，服务人员对床垫进行全面检查，确保无遗漏污渍和异味 （2）记录清洁时间、使用的清洁剂和工具、床垫状况等信息

能力拓展

民宿大堂大理石磨损案例分析及防护对策

某民宿管家发现民宿大堂大理石地面被不同程度刮花，而且刮痕很深，经过检查是服务员在清洁时使用抛光机不当而引起的。大理石地面清洁保养程序如图1-2-11所示。

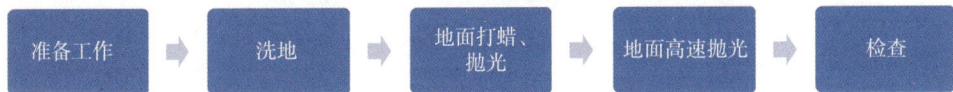

准备工作 ➡ 洗地 ➡ 地面打蜡、抛光 ➡ 地面高速抛光 ➡ 检查

图1-2-11 大理石地面清洁保养程序

发生原因：服务员未能熟悉、规范操作自己岗位范围内的事物，工作不严谨。

预防措施：服务员每日进行保洁前应检查设备设施等有无损坏情况，熟悉岗位，规范、严谨操作。

请回答：

① 引起此类事件发生的原因是什么？

② 有哪些措施可杜绝此类事件的再次发生？

任务评价

根据本项目任务内容填写客房公共区域服务测评表，具体见表1-2-4所列。

表1-2-4 客房公共区域服务测评表

评价一级指标	评价二级指标	评价标准	赋分/分	自我评价/分	互相评价/分	教师评价/分
知识能力（20分）	专业知识	掌握民宿公共区域清洁保养工作的程序	4			
		掌握民宿客房常见污渍处理的方法	2			
		掌握民宿各类设施设备保养和维护方法	4			
	自学能力	能够通过自己已有的知识和经验独立获取新知识和信息	5			
	创新能力	能够跳出固有的课内外知识，提出自己的见解	3			
		敢于标新立异	2			
技能能力（35分）	实操规范	能够正确使用客房电器设备进行清洁保养，按步骤进行，过程符合规范	10			
		操作熟练，清洁保养服务各环节衔接流畅	5			
	职业岗位能力	能针对不同的设施设备的特点和情况灵活地处理各种污渍	10			
		能学会常见民宿客房污渍处理的方法	5			
		能正确使用服务所需的设施设备	5			

（续表）

评价一级指标	评价二级指标	评价标准	赋分/分	自我评价/分	互相评价/分	教师评价/分
职业素养（45分）	组织能力	能组织同学一起讨论问题，分工清晰明确，能及时排解过程中出现的争论	4			
	团队协作能力	表达观点，为小组提供有用的信息、方法	3			
		有团队协作意识	3			
	自我调节能力	能够有效地整合各种学习资源	3			
		遇到问题时可以调整自己的心态	3			
	沟通能力	能跟同学建立良好关系，跟同学沟通顺畅	3			
		能够正确地组织语言，表达所学内容	3			
		在小组讨论中能够与他人交流自己的想法	3			
	形象礼仪	能够按照职业要求规范仪容仪表	3			
		体现礼仪礼貌	3			
	服务意识	能够热情、主动、预见性地提供服务	4			
		能够主动维护民宿的各种设施设备	3			
	责任心	不计较分工，认真完成分配好的角色和任务	3			
		课堂守纪，服从安排	4			
小计			100			
总分＝自我评价/分＊25%＋互相评价/分＊25%＋教师评价/分＊50%			100			
评价总结						
改进方法						

思考与练习

① 民宿的客房设施设备保养和维护制度有哪些？

② 如何进行木质家具的保养？

任务二　特色客房服务

任务描述

为了显著提升顾客的入住满意度，增强客户忠诚度与品牌辨识度，特色客房服务与精心策划的欢迎礼应运而生。这些专属服务与礼物不仅致力于营造积极愉悦的住宿氛围，更通过创造独一无二的体验，激发顾客再次光顾的欲望。民宿借此机会，通过提供个性化且丰富多彩的住宿方案，不仅加深了客户对住宿体验的满意与信赖程度，还有效地促进了品牌正面形象的树立与口碑传播。特色客房服务尤为注重创新思维的运用，如能融合传统文化精髓，在客房布置与欢迎礼设计上展现出独特的审美视角与创造力，这样的服务设计不仅能满足客户对品质与个性化的追求，更能在无形中培养他们对美好生活的审美情趣。

学习目标

① 了解开展特色客房服务的工作内容。
② 了解客户对客房环境的心理需求。
③ 能处理接待工作中的常见问题。
④ 能应用特色客房服务提升客户满意度。
⑤ 掌握6种特色客房服务。

情景对话

特色客房服务不仅能够吸引并留住更多顾客，还能赢得更大的市场份额。

客人1：哇！好特别！

客人2：见过摆果盘的，摆甜点的，见过把毛巾折成各种可爱造型的，没有见过这么盛大的"欢迎仪式"，太好看了，都舍不得坐了。

客人3：先拍个照，打个卡先。

情境分析：

① 什么是特色客房欢迎礼？
② 特色客房服务有哪些？

微课　民宿管家迎送礼仪

知识准备

随着社会经济的不断发展，旅游者们已经不再满足于对住宿本身的要求，而是对空间环境、心理感受及服务体验等有了更多诉求。为了顺应这一发展趋势，民宿业的服务方向已经从单一的向旅游者销售住宿空间逐渐发展成推广民宿文化、体现人文内涵。民宿中的特色客房服务，是市场发展的需要，是提升民宿客房服务品质的需要，也是打造民宿口碑的需要。

民宿中的特色客房服务可以从特色床上用品、特色客房装饰物、特色客房欢迎礼、特色开夜床服务、特殊人群的特色客房服务和特色房间布置服务六个方面着手，开展服务。

一、特色1：特色床上用品服务

床上用品指的是供客人们在睡眠时使用的物品，是客房中必不可少的物品。客人们对于床上用品的基本要求是干净舒适，但是，作为优秀的民宿经营者，不应该仅止步于此，应继续强化与当地文化特色的结合，同时注重床上用品的舒适度和个性化设计，以满足不同客人的需求。例如，北海疍家小镇渔玥客栈民宿选用具有疍家海洋文化特色的床上用品（图1-2-12），它不仅满足了使用的基本需求，还突出了民宿自身的特色和搭配艺术。

图1-2-12　特色床上用品

二、特色2：特色客房装饰物服务

客房装饰物是民宿经营者在客房中对细节的把握和展示，在客房布置中显得尤为关键。客房装饰物不是选择千篇一律的绿色植物或者挂画，而是与当地的风土民情交相辉映，以便体现出民宿的特色风格。例如北海疍家小镇渔玥客栈以椰子为原材料制作装饰物，从而来体现当地民宿的特色。特色客房装饰物（图1-2-13）从某种角度上讲是民宿设计中的点睛之笔，应注重展现当地风情和个性化布置，通过装饰物让客人感受当地的风俗和人情，也会让客人感受到一种别样的旅游体验。

图1-2-13　特色客房装饰物

三、特色3：特色客房欢迎礼服务

特色客房欢迎礼（图1-2-14）是指民宿为刚入住的客人提供的果盘、饮料等表示欢迎的小礼物。对于客人而言，各式个性化和小而精美的欢迎礼会让客人感到备受重视，有助于提升客人对民宿的好感度，让其在入住的第一时间感受到民宿的温暖。民宿应该在欢迎礼中准备具有当地特色的水果、小吃等，同时欢迎礼品类的搭配组合、色彩的层次感、食材的温度以及客人的喜好等都需要考虑。常见的特色客房欢迎礼有：赠送有特色的欢迎饮品，赠送当地特色的礼品，布置特别的床铺布置，提供客人在民宿内SPA和按摩的折扣券。定制特制的手工贺卡或欢迎信，同时增加与客人互动的元素，如根据客人喜好定制的小礼物等等。特色客房欢迎礼可以为客人提供难忘的入住体验，创造出与众不同的住宿记忆。这种个性化的款待方式在提升客户满意度、增强民宿竞争力方面具有很大的作用。

　　例如山东曲阜的民宿有些会准备颇具当地特色的煎饼作为欢迎礼；云南丽江的某些民宿在每年的十月左右会准备雪桃给客人等。当民宿管家把当地的美食通过特色客房欢迎礼展现出来的时候，会让客人眼前一亮，深切感受到当地独一无二的特色。欢迎礼不一定要品类繁多，但是一定要小而精美，如手工制作的伴手礼、节日特色小礼物等，给客人赏心悦目的感觉。

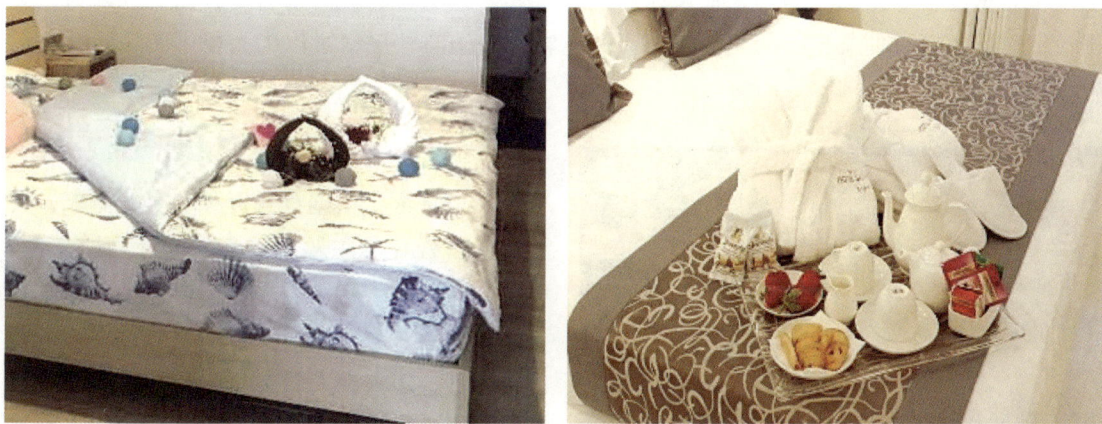

图1-2-14　特色客房欢迎礼

四、特色4：特色开夜床服务

　　民宿中的开夜床服务已经不仅满足于标准化的服务，而且更加注重服务的个性化和创意。晚安致意卡是开夜床服务中的组成部分。传统的晚安致意卡，一面印着"请不要在床头吸烟"，另一面印着"祝您晚安"。民宿可以更加灵活地根据客人的需求和喜好进行定制开夜床服务（图1-2-15），如提供个性化的晚安致意卡和小礼品，营造温馨舒适的氛围。这些赠品不但可以给客人留下深刻的印象，用细节让他们感受到民宿的亲切与热诚，同时还是宣传民宿

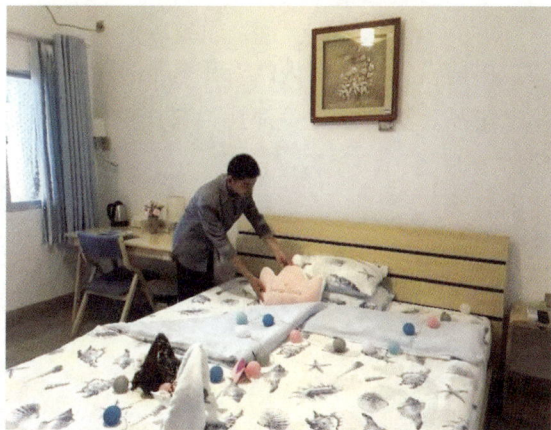

图1-2-15　特色开夜床

的有效途径。开夜床赠品分为以下几类。

（1）食品类。赠送当地特色的礼品，如当地特色茶、咖啡或小零食、土特产等，让客人感受到地方特色文化。

（2）玩具类。赠送跳棋、军棋等益智小玩具，让客人度过闲暇的时光。

（3）小饰品类。赠送特色钥匙扣、手机链、当地特色小饰品等，让客人留下美好回忆。

（4）SPA和按摩折扣券。提供客人在民宿内SPA和按摩的折扣券，让他们在游玩之余享受放松和疗愈。

（5）定制床铺布置。根据客人的需要进行特色床铺的布置，例如放置玫瑰花瓣、薰衣草等，营造浪漫和宁静的氛围。

五、特色5：特殊人群的特色客房服务

民宿客人中的特殊人群包括儿童、老年人等。当有特殊客人来访时，民宿管家需要针对特殊人群的不同特征提供注重人情味和个性化关怀的服务。当有儿童来访时，民宿可以为儿童提供儿童拖鞋、儿童浴袍等，还可以赠送小玩具等。当有老年人来访时，民宿可以为其安排较低楼层，以方便其出行。当有身材高大的客人来访时，民宿可以为其提供大号拖鞋、大号浴袍等。

六、特色6：特色主题房间布置服务

民宿管家应根据自身资源和客人需求，灵活开发多样化的主题房间，如结合当地文化、节日庆典或客人特殊需求进行布置，以提升客人的住宿满意度。同时，注重细节处理和个性化服务，让客人拥有独一无二的住宿体验。例如，布置生日房、蜜月房、求婚房等，来增加房间的亮点，提升民宿的服务水平。以蜜月主题房间（图1-2-16）为例，可以使用气球、窗花、鲜花、相片等作为房间进行内部装

图1-2-16 蜜月主题房间

饰，提前设置好房间内的音乐和照明，以烘托喜庆的氛围，需要把床上用品、洗漱用品等都换为喜庆的款式，尽力为客人留下美好的回忆。

微课 民宿主题客房服务

任务实例

为民宿客人提供客房特色开夜床服务

一、任务分析

距离北海银滩1.5千米的疍家小镇被人们称为"银滩后街"，帆影、渔网等元素交织在疍家文化步行街、文化舞台、文化墙等设施上，充满地方特色。

民宿中的开夜床服务已经不仅满足于标准化的服务，而且更加注重特色服务的开展。开夜床服务是民宿免费提供的一项客房整理附加服务，在傍晚时候对房间进行简单整理，以方便客人晚归后休息，是民宿细致、贴心、周到服务的一种体现，给客人带来宾至如归的感受。如果为民宿客人提供开夜床服务时，能结合疍家风情，布置具有疍家风情的夜床，客人将会非常喜欢。

二、任务准备

（1）个人仪容仪表准备。按规范检查个人的仪容仪表，调节好情绪，做到服务热情周到，真心诚意。

（2）物品准备。准备好做清洁用的工具篮，检查清洁工具是否齐全；准备好相关棉织品、一次性消耗品和水杯等物品，准备开夜床所需物品。

三、任务实施

如何为北海民宿客人提供客房特色开夜床服务？客房特色开夜床服务程序如图1-2-17所示。具体的服务标准见表1-2-5所列。

敲门入房 ➡ 开门、开灯 ➡ 整理卧室 ➡ 开夜床 ➡ 整理卫生间 ➡ 退出房间

图1-2-17 客房特色开夜床服务程序

表1-2-5 客房特色开夜床服务标准

序号	程序	标准
1	敲门入房	（1）敲门三下，如果客人在房间，征得客人同意后进入客房 （2）若确认没人，则可开门进入房间
2	开门、开灯	进入房间后将房门打开（直到整理完毕），打开房灯，检查有无问题
3	整理卧室	（1）清理房间内垃圾，将散乱、移位的家具、物品整理归位 （2）更换用过的烟灰缸、茶水具和纸篓
4	开夜床	（1）以床头柜为中心，被角翻折45°，边线与床中线对齐，把床整理好 （2）整理枕头：枕头要饱满、四角坚挺、中缝对齐，摆放于床的中间位置 （3）把礼品、鲜花或晚安卡放在折起的被角中间位置 （4）把拖鞋放于开夜床的一侧的中间位置，摆放整齐 （5）关好窗户，拉好纱帘，以不透光为标准
5	整理卫生间	（1）将客人使用过的面盆、马桶清洁干净，各类毛巾摆放整齐 （2）擦干面盆及地面的水迹，补充客用品 （3）将地巾放在淋浴间外侧的地面上
6	退出房间	检查合格后退出房间，关灯并在工作表上做好记录

能力拓展

创新与审美情趣的思考

距离北海银滩1.5千米的疍家小镇被人们称为"银滩后街"，帆影、渔网等元素交织在疍家文化步行街、文化舞台、文化墙等设施上，充满地方特色。请为来到渔玥客栈的年轻游客小王、小李设计特色客房欢迎礼。

请回答：

① 特色客房的创新能力和创新精神体现在哪里？

② 传统文化应如何融入特色客房欢迎礼设计开发？

任务评价

根据本项目任务内容填写特色开夜床服务测评表，具体见表1-2-6所列。

表1-2-6　特色开夜床服务测评表

评价一级指标	评价二级指标	评价标准	赋分/分	自我评价/分	互相评价/分	教师评价/分
知识能力（20分）	专业知识	掌握民宿特色开夜床服务的内容和特点	4			
		掌握六种特色客房服务的内容	2			
		掌握开夜床服务的程序	4			
	自学能力	能够通过自己已有的知识和经验独立获取新知识和信息	5			
	创新能力	能够跳出固有的课内外知识，提出自己的见解	3			
		敢于标新立异	2			
技能能力（35分）	实操规范	能完成特色开夜床的准备和服务，按步骤进行，过程符合规范	10			
		操作熟练，特色开夜床服务各环节衔接流畅	5			
	职业岗位能力	能针对不同的客人的特点和特殊需求主动、积极、灵活地提供特色开夜床服务	10			
		关注客人生活习惯和需求	5			
		能正确使用服务所需的设施设备	5			
职业素养（45分）	组织能力	能组织同学一起讨论问题，分工清晰明确，能及时排解过程中出现的争论	4			
	团队协作能力	表达观点，为小组提供有用的信息、方法	3			
		有团队协作意识	3			
	自我调节能力	能够有效地整合各种学习资源	3			
		遇到问题时可以调整自己的心态	3			

（续表）

评价一级指标	评价二级指标	评价标准	赋分/分	自我评价/分	互相评价/分	教师评价/分
职业素养（45分）	沟通能力	能跟同学建立良好关系，跟同学沟通顺畅	3			
		能够正确地组织语言，表达所学内容	3			
		在小组讨论中能够与他人交流自己的想法	3			
	形象礼仪	能够按照职业要求规范仪容仪表	3			
		体现礼仪礼貌	3			
	服务意识	能够热情、主动、预见性地提供服务	4			
		把客人当作朋友和家长	3			
	责任心	不计较分工，认真完成分配好的角色和任务	3			
		课堂守纪，服从安排	4			
小计			100			
总分=自我评价/分＊25%＋互相评价/分＊25%＋教师评价/分＊50%			100			
评价总结						
改进方法						

思考与练习

①6种特色客房服务是什么？

②特色开夜床服务的程序有哪些？

项目1-3　民宿管家餐饮服务

特色餐饮不仅能提高客人入住的满意度，还能提升民宿的竞争力。民宿管家除掌握传统餐饮服务基本技能外，还应具备以下三个方面的能力：一是熟知当地的饮食习惯和本地的特色食材；二是对特色餐饮品种、风味、陈列器皿、陈列形式和用餐形式有一定的研究；三是了解客人的需求与喜好，能为不同身份和不同需求的用餐者提供个性化服务，提升客人的就餐体验。

任务一　特色早餐服务

任务描述

民宿的特色早餐服务内容可以因地域、文化和主题不同而有所不同，但通常会着重于提供新鲜、美味、有趣的食物，以满足客人对于独特用餐体验的期望。民宿特色早餐服务的内容应当结合民宿的定位、地域特色以及客人的需求，提供独具特色的用餐体验，为客人带来愉悦感和满足感。

学习目标

① 能够结合地方特色食材，提供多种的民宿特色早餐菜品。
② 能够结合地方饮食文化，陈列地方特色早餐菜品。
③ 能够根据客情，推荐地方特色早餐，提供个性化服务。

情景对话

爱心满满、别具风格的民宿早餐，是民宿的亮点和必备的打卡项目之一。

客户1：离开这个城市，让我念念不忘的除了这座充满渔家风情的民宿，还有弥漫舌尖那清新鲜甜的海鲜。

客户2：为了这碗心心念念的海鲜粉，我一定会再来的！

民宿管家：要抓住客人的心，还得抓住客人的胃，如果有什么是一顿早餐不能解决的，那就两顿！

情境讨论：

① 如果你是民宿管家，你该如何回应客人？

② 除了以上的建议，你还可以给客人提供哪些贴心服务？

知识准备

民宿早餐服务的内容和特点可以因地域、主题、文化等不同而有所差异，但总体上它们有一些共同的内容和特点，目的都是想让客人在舒适的环境中享受独特的用餐体验。以下是民宿早餐服务的一些常见内容和特点。

一、民宿早餐服务的内容

（1）地方风味食材。使用当地新鲜的食材，强调地域特色，让客人品尝到地道的当地美食。

（2）自制糕点和面包。提供自制的糕点、面包等，让客人感受到家的温馨和独特。

（3）特色小食。为客人提供一些独特的地方小吃或点心，让他们能够品尝当地的美食。

（4）健康和营养早餐。提供健康、营养的早餐选项，如水果、麦片、酸奶等，满足客人对健康食品的需求。

（5）个性化定制。根据客人的饮食喜好和需求，为他们提供个性化的定制早餐。

（6）季节性食材。根据季节变化，调整食材的选择，保证早餐的新鲜度和多样性。

（7）特色饮品。提供特色的饮品，如特调咖啡、茶叶、果汁等，增加餐品的丰富性。

（8）烹饪表演。在开放式厨房中进行烹饪表演，让客人可以亲眼见证食物的制作过程，增加互动性。

二、民宿早餐服务的特点

（1）独特体验。民宿早餐强调独特性，与大众化的酒店早餐不同，让客人拥有独特的用餐体验。

（2）亲近感。通常民宿早餐是在更加亲切的家庭环境中用餐的，可以与客人建立更为亲近的关系。

（3）当地文化。民宿早餐通常融入了当地的文化和传统，可以让客人更好地了解和体验当地的生活方式。

（4）家的感觉。民宿可提供温馨的环境和美味的食物，让客人体会到宾至如归的感觉。

（5）个性化服务。民宿通常规模较小，可以更灵活地根据客人的需求提供个性化的服务。

（6）人情味。民宿的主人通常会亲自参与早餐的准备和服务，为客人提供更多的人文关怀。

（7）环境和氛围。民宿通常位于风景优美、宁静的地方，为客人营造了宜人的用餐环境和氛围（图1-3-1）。

总体来说，民宿早餐服务的内容和特

图1-3-1　用餐环境和氛围

点强调了个性化、地域特色、亲近感和独特体验，让客人在旅途中能够享受到更加丰富和满足的用餐体验。

三、民宿早餐套餐服务

民宿早餐套餐指一整套的饭菜组合（图1-3-2）。套餐的种类很多，民宿管家可根据预期的目标来组合不同规格的产品以满足不同客人的需求，消费者可按个人的消费标准或口味喜好来选择适合自己的组合套餐品

图1-3-2　早餐套餐

种。民宿因体量小，住客数量不多，尤其是旅游淡季，早餐用餐人数少，采用自助餐方式不容易操作，所以不少民宿采用套餐的方式为客人提供早餐服务。

（一）早餐套餐服务的种类

1. 地方特色套餐

民宿特色早餐的制作与准备如图1-3-3所示。

主食：提供当地传统的主食，如饼、粥、面等。

蛋类：例如水煮蛋、荷包蛋等。

蔬菜：配上新鲜的当地蔬菜，可以做成蔬菜沙拉或炒蔬菜。

饮品：当地特色的茶叶、咖啡或新鲜的果汁。

微课　打造特色民宿早餐，
让客人流连忘返

2. 健康轻食套餐

主食：提供全麦面包、燕麦片等。

蛋白质：煮熟的鸡蛋或豆腐，提供足够的蛋白质。

水果：多种新鲜水果，可以切片或做成水果沙拉。

饮品：低脂牛奶、天然果汁或绿茶等。

3. 田园早餐套餐

主食：自制面包、松饼或烤薯块。

蛋类：提供煎蛋、煮蛋或奶酪蛋卷等。

奶制品：酸奶、奶酪等。

蔬果：各种水果，配以蜂蜜或酸奶。

饮品：自制果汁、草本茶等。

4. 海鲜美味套餐

主食：海鲜粥、海鲜面食等。

海鲜：提供新鲜的海鲜，如煎鱼、烤虾等。

蔬菜：配以烤蔬菜或凉拌蔬菜。

图1-3-3　民宿特色早餐的制作与准备

饮品：柑橘类果汁、海藻茶等。

5. 主题套餐

根据节日、庆典或特殊主题设计特色早餐，例如情人节早餐、圣诞节早餐等。食物可以与主题相呼应。

6. 定制套餐

根据客人的饮食喜好和要求，提供个性化的配餐方案，确保满足不同客人的需求。

在设计民宿特色早餐的配餐时，要注意平衡各种食物类型，如肉类、主食、蔬菜、水果等，以确保客人获得均衡的营养。同时，创意菜品和新鲜食材可以为客人带来愉悦的用餐体验，让他们感受到独特的民宿魅力。

北海疍家特色早餐由于其自然地理的原因，食材丰富多样，可以形成多种配餐组合，满足不同饮食习惯的游客需求（图1-3-4）。

（二）早餐套餐服务的要求

（1）早餐种类。民宿早餐的种类要灵活多变，在保证食物质量的前提下，根据季节及食物价格，及时更新早餐的种类。

（2）量化食物。做到某些食物提供量与客人数量对应。如为每位客人提供一杯牛奶或两个鸡蛋。在准备的时候，也可以稍微多备一些，防止出现食物不够的情况。

图1-3-4　丰富多样的特色早餐配餐品种

四、民宿早餐服务的注意事项

提供民宿早餐服务时，要确保运营顺利、满足客人需求，并提供愉快的用餐体验。以下是一些注意事项。

（1）食品安全与卫生。确保食材的质量和卫生，遵循食品安全标准，保持厨房和用餐区的清洁，避免交叉污染，定期清洗和消毒设备。

（2）客人健康需求。了解客人的饮食偏好和过敏情况，提供适合的食物选择，确保客人的健康安全。

（3）食材新鲜度。使用新鲜的、季节性的食材，保证食物的口感和品质。

（4）个性化服务。尽量满足客人的个性化需求，包括饮食偏好、特殊饮食要求等，提供定制化的服务。

（5）交流与沟通。在预订阶段和入住时，与客人进行充分沟通，了解他们的用餐需求和期望。

（6）提前准备。提前计划和准备食材，确保早餐的准备工作在客人到来之前完成。

（7）定期更新菜单。保持菜单的新鲜感，根据季节和客人反馈不断更新早餐选项。

（8）烹饪技巧。如果条件允许，可以考虑雇佣专业厨师或具备烹饪经验的人员，以确保食物的制作质量和味道。

（9）用餐环境。创建舒适的用餐环境，考虑音乐、装饰等配置，为客人营造愉悦的用餐氛围。

（10）开放式厨房体验。如果条件允许，可以在开放式厨房中为客人展示烹饪过程，增加互动性。

（11）了解当地文化。提供能够反映当地文化和特色的早餐选项，让客人更深入地了解民宿所在地的文化。

（12）客人反馈。鼓励客人提供反馈意见，对服务和早餐的质量进行改进和调整。

（13）合理定价。根据食材成本、服务质量和当地市场行情，制定合理的早餐定价。

（14）宣传和推广。通过网站、社交媒体等渠道宣传早餐服务的特点和优势，吸引更多客人。

（15）合法合规经营。了解当地的食品安全法规和营业许可要求，确保合法合规经营。

综上所述，民宿早餐服务需要综合考虑食品安全、客人需求、服务质量等多个方面，以确保客人享受到美味、健康和独特的用餐体验。

任务实例

为客人提供北海特色早餐服务

一、任务分析

北海的早餐，以地方海鲜粥和海鲜粉为特色。以海鲜粥粉结合的方式，打造早餐主食的鲜美口味，配备当地特色的海鸭蛋和虾仔饼，搭配其他口味的小食形成组合式的早餐，构成一顿具备北海特色的民宿早餐。通过特色融入的方式打出特色的营销方向，将早餐做成民宿服务的亮点和网红打卡的项目之一，以特色早餐提升民宿管家服务质量。

图1-3-5　海鸭蛋

二、任务准备

制作当地特色的早餐，配备具有当地特色的原材料。

（1）海鲜粥、海鲜粉准备。海鲜粥常选择鱼蟹贝类为主的原料食材等，里面有蟹、虾、螺肉、粉肠头、猪杂和泥虫。最重要的是粉肠头和泥虫，粉肠头是粉肠头部较厚的一段，口感紧实Q弹，是粉肠中的极品。

（2）海鸭蛋和虾仔饼准备。对海鸭蛋（图1-3-5）和虾仔饼（图1-3-6）的烹调应选择当地的传统做法，最好由当地厨师操作。

同时要有合规、合法和安全的操作场地，具备制作早餐的条件。

三、任务实施

依据具体的制作步骤和制作方法，为客人提供北海特色早餐服务。通过烹饪技法和当地特色相结合的方式将具体的步骤方法融入特色早餐服务，提升民宿的居住体验，让民宿旅客对北海这个地方更加流连忘返，实现以民宿体验为导向的特色早餐服务。

图1-3-6　虾仔饼

1. 特色早餐准备

特色早餐准备工作流程，如图1-3-7所示。

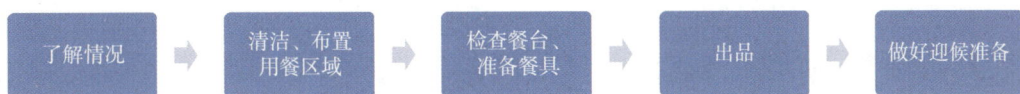

了解情况 ➡ 清洁、布置用餐区域 ➡ 检查餐台、准备餐具 ➡ 出品 ➡ 做好迎候准备

图1-3-7　特色早餐准备工作流程

第一步：了解情况，如用餐人数、年龄、喜好、忌口等。

第二步：清洁、布置用餐区域，做好环境装饰。

第三步：布置餐台，准备餐具，建议用一些特色器皿。

第四步：出品。冷菜出品时，应注意颜色、口味搭配；糕点出品时，摆盘要注意干净美观，糕点不可超出盘边，盘内无面包屑；白粥及其他粥类出品时，应保持粥桶外围干净；所有菜品应配备相应的餐夹、公勺，冬天应注意保温。

第五步：检查自身仪容仪表和早餐准备工作，播放音乐，做好迎候客人准备。

2. 特色早餐服务

自助早餐服务工作流程，如图1-3-8所示。

欢迎客人 ➡ 提供服务 ➡ 送别客人 ➡ 结束工作

图1-3-8　自助早餐服务工作流程

第一步：欢迎客人。客人进入餐厅时，员工亲切、友善地问候客人，使用礼貌用语："早上好，欢迎光临！"

第二步：提供服务。客人开始取自助餐时，打开所有保温炉盖，主动指引客人拿取餐碟；巡视餐台，随时注意各种菜肴的剩余分量；如客人告知需打包时，应帮忙拿取一次性餐具。

第三步：送别客人。客人离开餐厅时，热情礼貌送客，眼光平视客人，使用礼貌用语："请慢走，欢迎下次光临！"提醒客人带好随身物品及行李。

第四步：结束工作。收回所有餐台上使用过的餐夹，并密封各类调料酱汁；回收菜品，厨房人员负责将所有菜品回收到厨房；清洁餐厅卫生，关闭灯光、空调、电视；将门口早餐指示牌收回餐厅。

特别提示：自助餐台服务注意事项。

① 应特别注意餐台卫生。

② 冷菜盘边缘应保持干净，使用口布擦拭溢出汤汁，餐台上不可有残留食物。

③ 随时归位被客人混用的自助餐夹，脏的餐夹及时更换。

④ 添菜时间不得超过2分钟，空位应摆放"正在添菜"提示牌。

⑤ 餐中应随时关注酒精燃烧情况，及时添加酒精保证炉温。

⑥ 餐台上发现有破损、污渍餐具应立刻撤走。

⑦ 发现菜品有问题应立即撤走并报告管家处理。

⑧ 任何情况下不得使餐台上餐具空缺。

能力拓展

疍家海鲜粉与海鲜粥的制作

广西种水稻，一年收两造。清明节前犁田、放水、插秧，到了七月十四，第一造稻子就熟了，青山绿水间是金黄的稻谷。广西这里不吃面而是吃粉，但是广西各地吃的粉不一样。

北海、钦州、防城港位于北部湾，离南宁并不远，开车走高速公路约两个小时，在将近出口时会嗅到一股浓郁的海水味。下了高速公路进市区，只见宽阔的大海一望无垠，只不过海水并不是人们想象的蔚蓝色，而是有点灰，有些地方看起来还黑黝黝的。防城港市管辖着东兴，海上可见长长的跨海大桥，往东兴要过跨海大桥，到了东兴可以出趟国，去体验一下越南风情。

老话说靠海吃海。当地人有养殖海鲜的，也有出海打鱼的。企沙那里养青蟹，这蟹个头大，威猛霸道，长着青色的壳，挥舞着两只钳。人们用青蟹煮粥（图1-3-9）或是烧青蟹生地汤，入口是鲜甜的味道，吃过的人喜欢这鲜甜的滋味，可以一碗碗地吃粥或是喝汤。这就是海鲜的特点，要是放辣椒就掩盖了天然的好滋味。

北海、钦州、防城港当地还有海鲜粉（图1-3-10）。盛海鲜粉的碗很大，比成人的脸还要大，低头吃粉的时候，整张脸似乎埋到了大碗里，粉里边放了虾、花蟹、沙虫、鱿鱼片、瘦肉等。防城港当地人说海鲜出了防城港就不叫海鲜了，意思是不够鲜了。当地一碗荟萃了"众鲜"的海鲜粉，真是又甜又鲜。

图1-3-9　热腾腾的青蟹粥

图1-3-10　海鲜粉

任务评价

根据本项目任务的内容填写特色早餐服务质量测评表，具体见表1-3-1所列。

表1-3-1　特色早餐服务质量测评表

评价一级指标	评价二级指标	评价标准	赋分/分	自我评价/分	互相评价/分	教师评价/分
知识能力	专业知识	掌握民宿早餐服务的内容和特点	4			
		掌握操作场所及准备早餐的卫生安全条件	2			
		掌握地方特色早餐的制作方法	4			
	自学能力	能够通过自己已有的知识和经验独立获取新知识和信息	5			
	创新能力	能够跳出固有的课内外知识，提出自己的见解	3			
		敢于标新立异	2			
技能能力	实操规范	能完成特色早餐的准备和服务，按步骤进行，过程符合规范	10			
		操作熟练，特色早餐服务各环节衔接流畅	5			
	职业岗位能力	能针对不同客人的特点和特殊需求主动积极、灵活地提供特色早餐服务	10			
		关注客人饮食习惯和需求	5			
		能正确使用服务所需的设施设备	5			
职业素养	组织能力	能组织同学一起讨论问题，分工清晰明确，能及时排解过程中出现的争论	4			
	团队协作能力	表达观点，为小组提供有用的信息、方法	3			
		有团队协作意识	3			

（续表）

评价一级指标	评价二级指标	评价标准	赋分/分	自我评价/分	互相评价/分	教师评价/分
职业素养	自我调节能力	能够有效地整合各种学习资源	3			
		遇到问题时可以调整自己的心态	3			
	沟通能力	能跟同学建立良好关系，跟同学沟通顺畅	3			
		能够正确地组织语言，表达所学内容	3			
		在小组讨论中能够与他人交流自己的想法	3			
	形象礼仪	能够按照职业要求规范仪容仪表	3			
		体现礼仪礼貌	3			
	服务意识	能够热情、主动、预见性地提供服务	4			
		把客人当作朋友和家长	3			
	责任心	不计较分工，认真完成分配好的角色和任务	3			
		课堂守纪，服从安排	4			
小计			100			
总分＝自我评价/分＊25%＋互相评价/分＊25%＋教师评价/分＊50%			100			
评价总结						
改进方法						

思考与练习

① 广西螺蛳粉、云南过桥米线、江苏鸭血粉丝、贵州花溪牛肉粉口味有什么不同？

② 如何为民宿客人提供自助早餐服务？

任务二　特色风味宴席服务

任务描述

民宿特色风味宴席服务通常是为了让客人在舒适的环境中品尝当地特色美食，融合地域文化和独特风味。总之，民宿特色风味宴席服务的内容应当充分展现地方文化、特色美食和独特风味，为客人提供丰富多样的用餐体验，让他们在用餐的同时感受到当地的魅力。

学习目标

① 掌握特色风味宴席服务的内容和特点。

② 了解客人的用餐时间、人数、口味特点、用餐禁忌等。

③ 能够结合地方特色食材，提供多种的特色风味宴席菜品。

④ 能够结合地方饮食文化，陈列地方特色风味宴席菜品。

⑤ 能够根据客情，推荐地方特色风味宴席，提供个性化服务。

微课 民宿特色风味宴席服务

情景对话

民宿管家：您好，请问是要预订我们民宿的特色风味宴吗？

客户：特色风味宴？听起来真是美味诱人！这个特色风味宴席包括哪些菜品？

民宿管家：我们的风味宴席是我们民宿的特色招牌，我们的食材都是新鲜的，菜品口味独特，包括油煲咸鱼、疍家煲、疍家盆菜、沙蟹汁豆角和疍家Q脆虾饼等。

客户：听起来很不错的样子，我对这个特色风味宴席非常感兴趣。请问我需要在哪里预订？

民宿管家：很高兴您对我们的特色风味宴席感兴趣！您可以在前台预订，或者您也可以通过电话或在线预订系统进行预订。

情境讨论：

① 如果你是民宿管家，你会如何提高客人对风味宴席的兴趣？

② 如果是你，你会怎样向客人推销特色风味宴？

知识准备

特色风味宴席服务是一种为客人提供独特、有特色的餐饮体验的服务，强调地域文化、风味以及独特的菜品组合。以下是特色风味宴席服务的一些内容和特点。

一、特色风味宴席服务的内容

（1）菜单设计。根据当地文化、传统、特色食材等因素，设计富有特色的菜单，突出风味和口感。

（2）开胃小吃。提供多种开胃小吃，让客人在用餐前尝试不同的风味，增加期待感。

（3）特色主菜。提供多道代表地方特色的主菜，展示当地风味和独特的烹饪方式。

（4）传统美食。选取经典的传统美食，帮助客人了解当地的饮食文化和历史。

（5）创意菜品。将传统元素与现代烹饪技巧相结合设计创意菜，带来独特的味觉体验。

（6）田园风味。强调使用新鲜、有机的食材，展现自然、田园的风味。

（7）饮品搭配。为每道菜品搭配合适的饮品，如葡萄酒、茶、果汁等，提升整体用餐体验。

（8）餐后甜点。提供特色甜点，作为用餐的美好收尾，为客人留下深刻印象。

（9）环境氛围。营造符合主题的用餐环境，如特殊的装饰、音乐等，增加整体氛围。

二、特色风味宴席服务的特点

（1）地域文化突出。特色风味宴席服务强调展示当地的文化、传统和风味，让客人在用餐中感受地域的独特之处。

（2）**独特菜品组合**。宴席菜单通常由多道菜品组成，各道菜品呈现不同的特色和风味，为客人提供多样的选择。

（3）**故事性和历史感**。每道菜品背后可能有故事，连接着地方历史和文化，让客人更深入地了解当地背景。

（4）**饮食教育**。通过菜单的设计和服务人员的介绍，客人有机会了解食材的来源、制作过程等，增加饮食教育的内容。

（5）**情感体验**。特色风味宴席服务通常营造温馨、宾至如归的氛围，强调情感体验，让客人留下美好的回忆。

（6）**客制化服务**。根据客人的口味和需求，可以提供个性化的菜品选择，满足不同客人的要求。

（7）**文化互动**。宴席服务中，可以加入文化元素的互动环节，如表演、展示，增强客人的参与感。

（8）**季节变化**。随着季节的变化，菜单内容可以进行调整，保证菜品的新鲜度和适应性。

总的来说，特色风味宴席服务是一种强调地域特色、文化传承和创意烹饪的用餐体验，通过食物、环境和互动，让客人能够在用餐中深入了解当地的风味和魅力。

三、特色风味宴席服务的注意事项

（1）**食品安全和卫生**。确保食材的来源和质量，严格遵守食品安全和卫生标准，保持厨房和用餐区的清洁。

（2）**客人健康需求**。了解客人的饮食偏好、过敏情况等，提供适合他们的食物选择，确保客人的健康安全。

（3）**食材新鲜度**。选用新鲜、季节性的食材，确保食物的味道和质量。

（4）**菜单多样性**。设计多样性的菜单，包括不同种类的菜品，满足不同客人的口味需求。

（5）**特色和创意**。突出菜品的特色和创意，通过食材的选取、调味的搭配等体现地域和风味。

（6）**适当数量**。根据宴席的性质和客人数量，合理控制菜品的数量，避免浪费。

（7）**定期更新菜单**。根据季节变化或客人反馈，定期更新菜单，保持新鲜感。

（8）**服务流程规划**。规划好服务流程，包括开胃小吃、主菜、甜点等环节，确保顺畅的用餐体验。

（9）**专业服务人员**。雇佣专业的服务人员，提供优质的用餐服务，包括介绍菜品、饮食建议等。

（10）**饮品搭配**。为每道菜品提供适合的饮品搭配，如葡萄酒、茶、果汁等。

（11）**环境和氛围**。打造符合主题的用餐环境和氛围，包括装饰、音乐等，营造愉悦的就餐氛围。

（12）客人反馈。鼓励客人提供反馈，了解他们的意见和建议，以不断改进服务。

（13）季节变化和供应。随着季节的变化，调整食材和菜单，确保菜品的新鲜度和适应性。

（14）法律合规。了解当地的食品安全法规和营业许可要求，确保合法合规经营。

（15）预订和沟通。提前与客人沟通，了解他们的预订需求和特殊要求，做好准备。

综上所述，提供特色风味宴席服务需要全面考虑食品安全、客人需求、服务质量等多个方面，以确保客人获得独特、满意的用餐体验，并为他们留下美好的回忆。

任务实例

为北海民宿客人提供特色风味宴席服务

一、任务分析

疍家，是水上人家，以舟为家，家如蛋壳。《广东通志》上说，"疍家"又称"疍户"。因"以舟为家，捕鱼为业"，居所如同漂浮于海水上的蛋壳，故被称为"疍民"。

疍家人的菜谱理所当然地以鱼虾蟹螺等海鲜为主。疍家人用其独居匠心的方法烹制海鲜，这种只有疍家人才知道的独特烹制方式，总是让人垂涎三尺。一桌新鲜美味的生猛海鲜，在筷子和舌头接触的一瞬间，就像体验到把海水过滤出来尝到了唯一精华的满足。

以正宗的疍家菜、海鲜特色菜肴、个性化的服务等，打造了疍家民宿特色风味宴席（图1-3-11）。

图1-3-11　疍家宴

二、任务准备

（1）了解客情。了解客人的用餐时间、人数、口味特点、用餐禁忌等。

（2）食材准备。

主料：虾、鱿鱼、海参、鲍鱼、猪颈肉、猪皮等。

配料：沙蟹汁、番茄汁、酸辣汁。

（3）器皿准备。特色的食物用含有本地特色或民宿元素的器皿盛放，相得益彰，给客人留下难忘的印象。

（4）用餐环境的准备。营造民宿的特色环境氛围，烘托用餐气氛，提升客人用餐体验好感度。

三、任务实施

特色风味宴席服务流程见图1-3-12所示。

宴席预订 ➡ 餐前准备 ➡ 餐中服务 ➡ 送客服务 ➡ 做好餐后收台工作

图1-3-12 特色风味宴席服务流程

（一）接受预订

管家应该至少提前一天就要跟客人确定好用餐人数、时间和要求。为客人提供具有民宿自身特色或者满足客人具体要求的特色风味宴席。

（二）餐前准备

1. 餐前环境准备

（1）地面光。扫地，擦地板，地板打蜡，地毯吸尘。

（2）四周洁。擦门窗玻璃、楼梯扶手，拂去墙壁、装饰物上的灰尘。

（3）桌椅净。桌面无油渍、水迹，桌腿、椅背、椅腿擦净，并检查有无松动、损坏，若有应及时维修。

（4）工作台整齐。工作台应干燥、清洁，无灰尘、油渍。

（5）室内灯光适宜，背景音乐适宜

（6）装饰、美化符合就餐气氛

2. 餐前物品准备

（1）餐具、用具准备。根据餐厅类别，将所需餐具、用具消毒后叠放在备餐间或备餐桌上。所需餐具有：餐碟、味碟、刀、长柄勺、小汤碗、筷子等。所需用具有：台布、餐巾、小毛巾、花瓶、调料壶、牙签筒、烟灰缸、冰桶、洗手盅等。所需酒具有：水杯、葡萄酒杯、烈性酒杯等。

（2）服务用品准备。如各种托盘、开瓶工具、餐中、牙签等。

（3）酒水饮料准备。备好供应的酒水饮料、茶叶、开水、冰块等。

（4）当日餐单准备。在开始营业前，应熟悉当日餐单、品种、价格、主料、辅料。还应知道当天推销的新品种和受季节变换不供应的品种。

（5）工作台准备。

① 所需要的各种物品应根据上轻下重、上小下大的原则合理放置。

② 刀、叉、勺等放置在上层（相似的物品不能放在同一格里，以免辨识不清）。

③ 整个工作台在布置之后，应该呈现出美观、精巧、整洁的外观，使服务员一眼就能看到所需要的东西，也给顾客一种舒服之感。

3. 摆台

遵循中国的饮食习惯，使用具有民宿特色的餐具，食用风味特色菜肴，采用中式服务方式。

4. 迎宾服务

开餐前的准备工作是餐饮服务有条不紊进行的重要保障，管家在开餐前应仔细检查餐合摆设状态，查验餐台物品，准备服务用品，确保一切都是可用的状态，备餐台备用服务物品和餐具摆放合理、安全整齐。客人抵达餐厅后，管家的主要工作如下。

① 主动、友好地问候客人，欢迎客人光临，帮助客人挂好脱下的外衣。

② 礼貌引领客人入座。

③ 从主宾位置为宾客拉椅入座，依次按照顺时针顺序提供拉椅服务。

④ 熟练、优雅地从主宾位帮助客人拆餐巾和筷套。

⑤ 询问客人对茶水的要求，为客人斟倒茶水，茶水斟倒需适量，无滴洒，分量均等。

⑥ 服务过程中，主动与客人进行语言交流，按需提供服务，自然得体。客人都落座后，询问客人是否已经到齐、是否可以点菜或者上菜等进一步的服务要求。

（三）餐中服务

餐中服务是客人用餐的核心环节，主要包括点菜、传菜、上菜、就餐服务等服务环节餐中服务的程序和服务标准见表1-3-2所列。

表1-3-2　客人就餐时的服务标准

序号	程序	服务标准
1	保持桌面卫生整洁	(1) 时刻保持餐台的清洁卫生，随时收走餐台上的杂物，空盘要在征得客人同意后方可撤去 (2) 撤换菜盘时，如果餐桌台面有剩余残物，要用专门的服务用具清理，切不可用手直接操作
2	撤换餐具	(1) 换餐盘需要在宾客将盘中食物吃完后方可进行 (2) 如宾客放下筷子而菜未吃完时，应征得宾客同意后才能撤换 (3) 撤换时要边撤边换，撤与换交替进行 (4) 按先宾后主的顺序进行 (5) 注意站在宾客右侧操作，摆放餐具要轻拿轻放
3	服务酒水	(1) 随时观察客人的用酒情况，在客人饮用剩至1/3时，及时斟酒 (2) 掌握客人酒水情况，及时推销，提供添酒服务
4	分菜、分汤	(1) 分菜、分汤过程安全、卫生 (2) 菜汤的分量均等
5	加菜的处理	(1) 服务员应仔细观察，及时了解客人加菜情况 (2) 了解客人加菜的原因（客人加菜的原因有：一是所点的菜肴不够吃；二是想将菜肴带走；三是对某一道菜肴特别欣赏，想再吃一次；四是对某道菜肴不满意或是点错了） (3) 主动介绍菜肴，帮助客人选择菜肴 (4) 根据客人的需要开单下厨

（四）送客服务

（1）食品打包服务。客人用餐结束后，可以视客人的用餐情况给提供打包服务。

（2）征询意见和建议。客人离开之前，应该主动征询客人对此次用餐过程的意见，请客人表达对餐饮预订、餐厅环境、菜品质量、用餐服务等方面的建议和意见，并一一记录，表达对客人的谢意。

（3）送客服务。送客是餐厅对客服务的最后一个重要环节，最后印象的重要性不亚于第一印象，所以欢送的步骤与迎接的步骤一样重要。餐厅服务员应热情、亲切、友善地欢送，送别有礼有序可以锦上添花。

（五）餐后收台

餐厅营业后的整洁工作是整个餐厅服务过程中的最后一环节。做好这一工作，既能清楚地掌握目前营业情况，总结经验，又能为下面的接待服务奠定基础。

能力拓展

疍家风味宴席特色菜肴制作

依据具体的制作步骤和制作方法，为客人提供北海特色风味宴席服务。

一、疍家煲

把西红柿切碎，把刚钓的新鲜鱿鱼，刚捕的海虾和鱼切碎炖煮成佳肴，这样做出的美食香甜可口。

疍家煲（图1-3-14）是一道传统的客家菜，是将各种食材放入瓦制的煲中，隔层加入盐、葱、酱等调料，水煮后置于火釜上，用小火慢炖旋转8个小时以上而成。以下是疍家煲制作的步骤：

第一步：将腌渍好的食材和配料放入瓦制的煲中，根据食材的特点和口味，在食材层之间加入适量的盐、葱、酱等调料。

图1-3-13　疍家煲

第二步：将煲放在火釜上，慢火煮40分钟，让调料渗透到食材里，然后将火小调至最小，慢炖8个小时以上，期间不打开煲。

第三步：关火后煲自然冷却5分钟左右，然后可以将煲盛出，供客人享用。

疍家煲煮的时间比较长，所以煲的温度需要合适，在小火蒸煮时火候需掌握好，以确保食材味道都达到了彼此间的交融，食材的营养素能被人体充分地吸收利用，更富有滋补作用。

二、疍家盆菜

疍家盆菜（图1-3-14）是客家菜的代表菜之一，以丰盛、口味浓郁和营养丰富而闻名。材料：猪手、牛筋、烤鸭、鸭肫、猪腿肉、海味、鱼肚、蛋豆腐、香菇、花菇等。调料：料酒、盐、糖、生抽、老抽、鸡精、骨头汤等。

图1-3-14　疍家盆菜

以下是疍家盆菜的制作步骤。

第一步：首先需要准备疍家盆，将盆洗净后放入沸水中焯水消毒。同时需要准备好食材，保证各种食材的新鲜度和质量。

第二步：将备好的各种食材逐一处理，清洗干净后放置在疍家盆中，根据层次和口感逐层放置。

第三步：开始制作卤料，将猪骨头煲制成高汤，并加入适量的料酒、盐、糖、生抽、老抽、鸡精等调味料，按照喜好和口感调整味道。

第四步：将卤料倒入疍家盆中，浸泡各种食材，保证各种食材的味道相互渗透，每一层食材的味道都要保证均衡，卤可以加多，但是一定要保证味道适中，不宜过咸。

第五步：蒸煮疍家盆，大火开火将疍家盆放入蒸锅或碗箔纸上蒸十分钟，并将火调整至中小火，再蒸一个小时左右即可。

第六步：在盆菜上放上点缀的菜叶，即可上桌食用。

特别提示：

① 疍家盆菜中的各种食材要处理干净，保证卫生和食材的新鲜度，避免影响食品质量和口感。

② 调料的配合要因人而异，喜欢重口味可以加些咸味，重视清淡口感的可以放入的较少盐等味精调料。

③ 盆菜烹饪的时间比较长，需要多花时间慢慢炖煮直至食材入味。

图1-3-15　油煲咸鱼

④ 挑选好的疍家盆，做好消毒和清洗。在烹饪时尽量保持盆内的温度均匀和稳定，避免影响食材的蒸煮质量。

⑤ 在盆菜上装饰时，可以使用小黄瓜、胡萝卜片、蘑菇等色彩鲜艳的蔬菜点缀，增加美观度。

三、油煲咸鱼

油煲咸鱼（图1-3-15）是一道香辣的传统粤菜，口感鲜美，是传统的家常菜。

材料：斩骨鸡（或鹌鹑）、新鲜嫩姜、

咸鱼、红椒、青椒、蒜头、葱段。

调料：老抽、生抽、蚝油、糖、盐、料酒、生姜汁、宫廷辣酱等调料。

以下是油煲咸鱼的制作步骤。

第一步：先将准备好的咸鱼稍加剁段，青红椒、洋葱、蒜头切丝，姜片切片备用。

第二步：斩骨鸡或鹌鹑略煎后捞出，留底油。用留底油翻炒蒜头出香味后加咸鱼段，炒出香味。

第三步：接着放入姜片和新鲜嫩姜段，翻炒均匀后加入一小勺糖焖香。

第四步：加入斩骨鸡（或鹌鹑）和少量的生姜汁、料酒，加适量的盐和水焖煮。

第五步：加入生抽、老抽、蚝油，大火翻炒，留点汁。

第六步：加入宫廷辣酱，均匀翻炒，加入适量的盐和糖调味，均匀翻炒。

第七步：装盘前，撒入青红椒丝和葱段，显得更加美观可口。

注意事项：

① 咸鱼最好要预处理，提前浸泡，并反复冲洗，去掉盐分并干晒，口感更佳。

② 斩骨鸡或鹌鹑可以加入少量的老姜略煎一下，去除异味。

③ 油煲咸鱼的精髓在于煮至鸡肉软烂，这样肉汁就能更好地与咸鱼的味道融合在一起，口感更好。

④ 辣椒可以根据个人口味，适量增加或减少，不喜辣的可以不放，或者用甜椒代替。

⑤ 最后加入的宫廷辣酱可以自行选择，如果不喜欢辣椒的话，也可以只放一些香醇的豆瓣酱。

四、沙蟹汁焖豆角

豆角用盐水浸泡15分钟后放入砂锅，放入蒜末，放入沙蟹汁，倒入1/3碗清水拌匀盖上锅盖煮沸后转小火焖煮3分钟。

图1-3-16　沙蟹汁焖豆角

沙蟹汁焖豆角（图1-3-16）是广东地区的经典名菜，主要使用辣椒、葱、姜、蒜、沙茶酱等香料，调制出独特而浓郁的味道。

以下是沙蟹汁豆角的制作步骤。

第一步：将豆角洗净，去除两端后斜成小段，姜葱切成末，蒜切成片。

第二步：在适量的清水中加入少许盐、葱姜、豆腐干煮3分钟，然后捞起备用。

第三步：锅中热油，放入葱姜蒜炒香，加入豆角翻炒均匀。

第四步：加入适量的生抽、老抽、料酒调味，并加入适量的水焖煮至豆角熟软。

第五步：加入沙茶酱和1勺鸡精，加少许椒粉提香味，再用淀粉勾兑至汤浓稠度适合。

第六步：最后加入热油，熟豆腐干切块，翻炒均匀。

第七步：装盘前，加少许葱花提鲜，点缀上一些红辣椒末即可。

特别提示：

① 豆角需要煮熟后再煮，红色外皮较多的需要削去，并进行尖头处理，去除豆角的涩味。

② 沙茶酱的用量要因人而异，可以根据自己的口味加入适量的调味末，注意掌握好火候，以免焦味影响口感。

③ 火不能太旺，不然会容易糊锅，导致豆角不入味。

④ 豆角以大火爆炒，翻炒时加适量水分比较容易熟，味道更为鲜美。

⑤ 最后加热油翻炒可以增加口感和香气，但是需要控制好油温，防止过度煎炸而影响健康。

五、疍家Q脆虾饼

疍家Q脆虾饼（图1-3-17）是沿海地区独具特色的美食之一，口感鲜美，是常见的传统小吃。

以下是疍家Q脆虾饼的制作步骤。

第一步：将海虾仁洗净沥干水分，加盐、味精等调料搅匀腌制30分钟左右，然后用刀背拍打上胶。

第二步：将豆腐压成肉酱状，加入葱花和少量盐、味精调味。

图1-3-17　疍家Q脆虾饼

第三步：将虾仁放入豆腐肉馅中，拌匀后加入淀粉用力搅拌均匀。然后用勺子将混合物挖成麻球大小。

第四步：将鸡蛋打散，加入少量盐，然后将虾球放入鸡蛋液中涂匀，再放入面包屑涂匀，均匀粘在麻球表面。

第五步：取出虾球，放油锅里热油煎炸至两面金黄。

特别提示：

① 海虾仁的调料也可以自己根据口味进行调制，调味末的量不要过多，掌握好用量，否则会影响口感。

② 豆腐可以切成小块后压成肉酱状，这样更加易腌制调味。

③ 将适量淀粉加入豆腐馅中能够起到凝结作用，使得麻球的口感更佳丰富。

④ 鸡蛋液和面包屑的比例要适当，照个人口感适当调整份量。

⑤ 烹制过程中火候不能太急，应该煎至表面色泽均匀，呈金黄色即可。

任务评价

根据本项目任务的内容填写特色风味宴席服务测评，具体见表1-3-3所列。

表1-3-3 特色风味宴席服务质量测评表

评价一级指标	评价二级指标	评价标准	赋分/分	自我评价/分	互相评价/分	教师评价/分
知识能力（20分）	专业知识	掌握民宿特色风味宴席服务的内容和特点	4			
		掌握操作场所及准备宴席的卫生安全条件	2			
		掌握地方风味宴席菜肴的制作方法	4			
	自学能力	能够通过自己已有的知识、经验来独立地获取新知识和信息	5			
	创新能力	能够跳出固有的课内外知识，提出自己的见解	3			
		敢于标新立异	2			
技能能力（35分）	实操规范	能完成特色风味宴席的准备和服务，按步骤进行，过程符合规范	10			
		操作熟练，特色风味宴席服务各环节衔接流畅	5			
	职业岗位能力	能针对不同的客人的特点和特殊需求主动、积极、灵活地提供特色风味宴席服务	10			
		能关注客人饮食习惯和需求	5			
		能正确使用服务所需的设施设备	5			
职业素养（45分）	组织能力	能组织同学一起讨论问题，分工清晰明确，能及时排解过程中出现的争论	4			
	团队协作能力	表达观点，为小组提供有用的信息、方法	3			
		有团队协作意识	3			
	自我调节能力	能够有效地整合各种学习资源	3			
		遇到问题时可以调整自己的心态	3			
	形象礼仪	能够按照职业要求规范仪容仪表	3			
		体现礼仪礼貌	3			
	服务意识	能够热情、主动、预见性地提供服务	4			
		把客人当作朋友和家长	3			
	责任心	不计较分工，认真完成分配好的角色和任务	3			
		课堂守纪，服从安排	4			
小计			100			
总分＝自我评价/分＊25%＋互相评价/分＊25%＋教师评价/分＊50%			100			
评价总结						
改进方法						

思考与练习

① 特色风味宴席服务有哪些特点和内容？

② 如何为民宿客人提供特色风味宴席服务？

③ 如何保证食材的新鲜度和质量？

任务二　特色菜单服务

任务描述

　　民宿特色菜单设计是在营造独特、吸引人的住宿体验的同时，为客人提供美食享受的重要部分。菜单的设计要体现温馨感觉、地道性、特色突出、个性化等要点，同时要简洁明了、清晰易读，加入美感元素和图片等，还可以根据季节适时更新菜品。菜单的封面设计应吸引人，展示民宿的风格和主题。菜单文字排版和菜单搭配的重要性，以及如何通过降低常见菜品的价格来吸引顾客。民宿特色菜单设计需要考虑多方面的因素，从定位和主题到食材选择、创意菜品和客户反馈，都是保证菜单吸引力和成功的重要环节。

学习目标

　　① 了解菜单设计与制作的内容、特点和要点。

　　② 掌握菜单设计的原则和设计方法，包括目标客户考虑、食材质量关注、清晰易读、地道性、图片运用等。

　　③ 理解菜单的文化主题和民宿特色的关联。

　　④ 能够描述菜单设计的原则，并能与设计师有效沟通。

　　⑤ 能根据步骤与要领制作简单的菜单。

情景对话

　　民宿特色菜单能够为客人带来独特的用餐体验，使他们在住宿期间感受到与众不同的文化氛围。

　　客户：您这个菜单设计得还真有点特色，好有民宿的独特风格喔。

　　民宿管家：是的。我们的菜单既体现了奢华，又具有田园、海滨的文化。菜单是我们民宿服务风格的延伸方式。

　　情境讨论：

　　① 常见的民宿菜单形式有哪些？

　　② 如果让你来设计菜单，你该怎么体现菜单特色？

微课　民宿特色菜单设计

知识准备

　　菜单的设计与制作涵盖了多个方面，从外观设计到菜品描述，都需要综合考虑。以下是菜单设计与制作的一些重要内容。

一、菜单的设计与制作的内容

　　（1）封面设计。菜单的封面应该吸引人，并展现出民宿或餐厅的风格。民宿菜单的设计与制作（图1-3-18）也具有一些独特的内容和特点，以满足客人在住宿期间的餐饮需求和提供独特的体验。

　　（2）本地特色。强调使用本地新鲜食材和传统风味，以突出民宿的地域特色。客人可以

在住宿期间品尝到当地的独特美食。

（3）特色早餐。提供丰富多样的特色早餐，包括当地传统的美食、新鲜的水果、烘焙面包等，为客人提供美好的早晨体验。

（4）轻食选项。包括一些轻盈健康的菜品，如沙拉、果汁、酸奶等，适应不同客人的饮食需求。

（5）季节性菜单。根据不同季节的食材变化，调整菜单，以保证使用的食材的新鲜和季节性。

图1-3-18　菜单的设计与制作

（6）午餐和晚餐。提供午餐和晚餐的菜单，让客人在民宿内也能享受美味的正餐。

（7）特色饮品。除了食物，还可以设计一些特色饮品，如特色茶、当地饮品、自制果汁等。

（8）健康选项。提供一些健康的菜品，满足健康意识较高的客人的需求，如蔬菜汤、烤鸡胸肉等。

（9）甜点和点心。设计一些美味的甜点和点心，让客人在用餐之外也能享受美味的小食。

二、菜单的设计与制作的特点

（1）温馨感觉。民宿菜单的设计应该体现出温馨、家庭式的感觉，让客人在用餐时感到宾至如归（图1-3-19）。

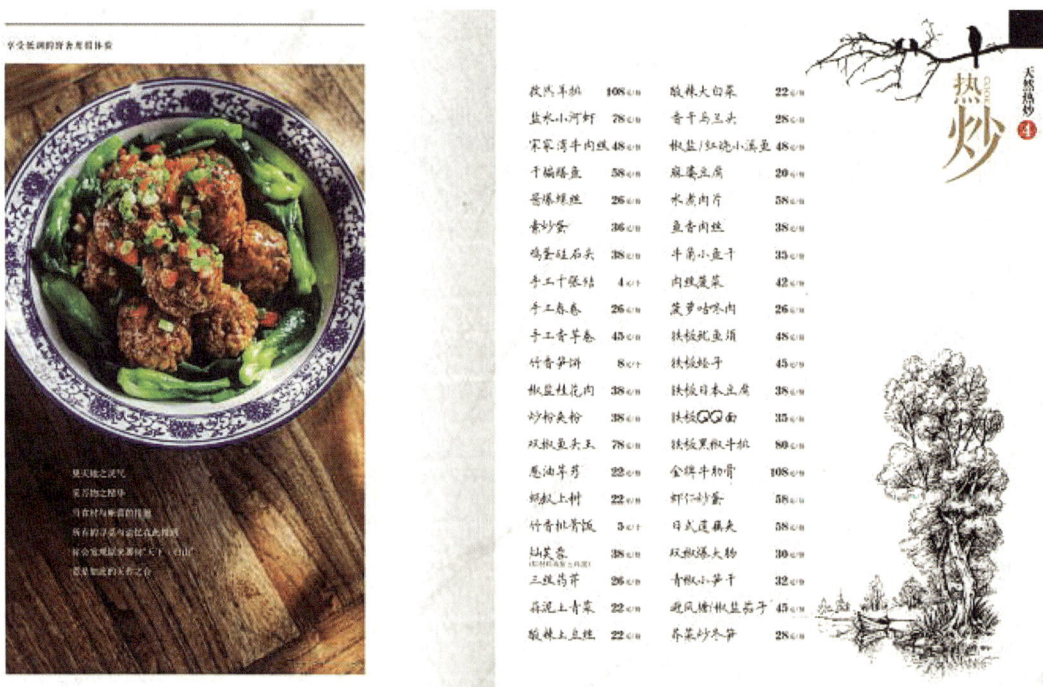

图1-3-19　菜单的设计与制作的温馨感觉

（2）**地道性**。强调使用本地食材和传统风味，体现民宿的地道性，让客人更深入地体验当地文化。

（3）**轻松氛围**。菜单的设计应该与民宿的氛围相契合，创造出轻松、愉快的用餐环境。

（4）**个性化**。可以根据民宿的主题、风格和客户群体的特点，个性化设计菜单，增强独特性。

（5）**简洁明了**。菜单的排版应该简洁明了，避免过于繁杂，方便客人快速地找到自己喜欢的菜品。

（6）**联系方式**。在菜单上标注民宿的联系方式，方便客人进行预订或提出问题。

（7）**图片运用**。插入精美的食物图片，增加客人对菜品的兴趣，让他们能够更直观地了解菜品。

（8）**创意设计**。在菜单的设计上可以加入一些创意元素，如手绘图案、卡通人物等，增加趣味性。

民宿菜单的设计与制作需要与民宿的整体氛围、品牌形象以及客户群体的需求相符。通过合理的内容设计和特点突出，民宿可以为客人提供独特的餐饮体验，提升整体客户满意度。

三、菜单的设计与制作的注意事项

（1）**考虑目标客户**。菜单的设计应该根据目标客户的需求和喜好来确定，包括菜品种类、餐品风格和定价等。

（2）**关注食材质量**。选用新鲜、高质量的本地食材，呈现出地道的当地特色，并保证食品的安全和卫生。

（3）**突出特色**。民宿菜单需要突出本地特色和民宿独特风格，以便客人能够在用餐时感受到不同于其他餐厅的体验。

（4）**清晰易读**。菜单的排版应该清晰易读，字体大小合适，避免过于拥挤的布局，便于客人快速找到所需菜品。

（5）**精美图片**。可以在菜单中插入精美的食物图片，以增添菜品鲜味和装饰效果。

（6）**价格透明**。明确标注每道菜品的价格（图1-3-20），避免客人在点餐时产生误解和失望。

（7）**包容特殊要求**。确保菜单上包含有关特殊饮食要求（如素食、无麸质或过

图1-3-20　晴江府民宿菜单价格

敏）的信息，以满足不同客人的需求。

（8）**根据季节适时更新**。针对不同季节和节日加入合适的菜品，促进客人的兴趣和复购率。

（9）**与餐品搭配的饮品**。民宿菜单不仅需要有餐品分类，同时也应该包含饮品分类，例如：茶、咖啡、果汁等。

（10）**营造温馨就餐氛围**。可以在菜单中加入文艺美感的元素，如插画或优美的语句，以吸引客人增加互动和留念。

以上是民宿菜单设计与制作的一些注意事项，合理考虑这些要点可以提供一个舒适愉悦、吸引人、独特的用餐体验，提升客户满意度，促进民宿的发展。

任务实训

为民宿设计一份菜单

一、任务分析

菜单设计是一项艺术性较强的工作，一份好的菜单，既能满足各类型客人的餐饮需求，又能保证餐厅取得良好的经济效益，同时它又是一份精美的宣传品和艺术品。

二、任务准备

与民宿经营者确定设计主题和方向，聘请文字撰写人完成方案，与设计师完成民宿本身的风格特点和经营理念。

三、任务实施

民宿特色菜单设计制作实施流程见图1-3-21所示。

制作准备工作 ➡ 菜单材料选择 ➡ 菜单尺寸的选择 ➡ 菜单文字排版 ➡ 菜单彩色插图 ➡ 菜单封面封底 ➡ 电子菜单

图1-3-21　民宿特色菜单设计制作流程

第一步：制作准备工作。制作一份民宿菜单需要民宿经营者、文字撰写人、艺术设计师和印刷厂通力合作。民宿经营者需要提供菜品分类清单，包含菜品中文外文名称、价格、规格、烹调方法、特色菜品、服务费和其他告示信息，并阐明民宿文化主题。再根据民宿主题特色设计菜单的装帧，如颜色、封面封底图案、规格形状和内页暗纹，确保菜单既能方便客人阅读选择，又能帮助烘托民宿文化主题。

第二步：菜单材料选择。菜单材料的选择要考虑到菜单的使用期限，时间比较长的可以使用重磅涂膜防水纸。有的菜单封面还可以选择皮质材料。也可以封面使用重磅涂膜防水纸，内页使用轻磅涂膜纸。而一次性或短期使用的菜单可以使用轻型无涂层的纸张。

第三步：菜单尺寸的选择。菜单的式样和尺寸应与民宿风格相协调，菜单的大小与民宿餐厅的面积、餐桌的大小和座位空间相协调。还可以根据民宿的主题设计成各种形状，如鱼的形状、海星的形状、星球的形状等等。

第四步：菜单文字排版。菜单文字介绍应简单明了，包含菜品名称、外文翻译、描述性介绍、民宿名称、民宿背景介绍、收费说明等。

第五步：菜单彩色插图。民宿还可以将菜肴成品实物拍照，以吸引客人，增加客人的食欲。

第六步：菜单封面封底。客人可以从封面和封底上了解民宿的主题文化、民宿名称、营业时间、电话号码、地址和服务费等信息。

第七步：电子菜单。随着科技进步，部分民宿会使用iPad作为载体，将菜肴品种、价格、规格等信息图文并茂地展示给客人，也有的民宿会让客人通过扫二维码点菜，既方便了客人选择，降低了用工成本，又提高了点菜和结账的效率。

能力拓展

菜单的"营销力"分析

顾客拿到菜单到点餐完毕，短短几分钟，却关系到门店营业额，菜单的"营销力"就显得尤为重要。一份具有"营销力"的菜单，除了在设计上要讲究颜值，在定价和产品搭配上还需要设置一些小"心机"。

1. 常见菜价低20%，特色菜价高20%

接到服务员递上的菜单后，顾客会下意识先翻看整本菜单都有什么菜品，重点看菜品的价格区间，和以前消费过的餐厅同类菜品价格作比较，以此来感知餐厅的消费价格高低。重要的不是所有的菜品都卖得便宜，而是让顾客认为菜品便宜，这就可以通过降低常见的通有菜价格来实现。比如外婆家主打的低价引流产品——3元的麻婆豆腐，就在顾客心中为外婆家打上"经济实惠"的标签。当然，降价也需要考虑到店内的收益，低价菜品不宜超过菜品总数的5%，同时还要有价格较高的特色菜来负责盈利，保证利润平衡。

2. 一个菜品，两种分量

有些菜肴的分量较大，稍微多点几道就吃不完，所以顾客点单时害怕浪费会比较克制，点的品种就比较少。这时，民宿老板可以为菜品制定另一个标准，设置大小份，给顾客提供多一种选择。实际上，小份菜品通过分量和价格的设置，可以把利润设得稍高一些，用贵一点的大份菜品做对比。小份菜价格看起来价格实惠，两个人以下就餐会更倾向于点小份，顺便多点几样菜品尝尝。比如两个人在海底捞就餐，多点几种半份菜品，实际消费依然是提高了的。

3. 主菜和配菜放一起，搭配更好

主打菜扛起了吸引顾客的大旗，将主打菜与配菜进行组合，就特别重要。比较好的做法是把主菜跟配菜放到同一个菜单上，主菜为主，配菜辅在周围，让顾客点完主菜随手就点配菜。

4. 一个菜品并非只能出现一次

没有规定一个菜品上只能出现一次，比较受欢迎的菜品可以在菜单上多次出现。比如，菜单的首页，菜单中显眼的位置，在不同的品类，推出的套餐中，都可以重复放。

请回答：

① 如何利用菜品的价格来吸引顾客？

② 如何设置不同分量的菜品来增加销售？

③ 如何优化菜单的搭配和呈现形式来提升销售额？

任务评价

根据本项目任务的内容填写民宿特色菜单设计测评表，见表1-3-4所列。

表1-3-4 民宿特色菜单设计测评表

评价一级指标	评价二级指标	评价标准	赋分/分	自我评价/分	互相评价/分	教师评价/分
知识能力（20分）	专业知识	掌能够描述菜单设计的原则	4			
		掌握特色菜单设计方法	2			
		能根据步骤与要领制作简单的菜单	4			
	自学能力	能够通过自己已有的知识、经验来独立地获取新知识和信息	5			
	创新能力	能够跳出固有的课内外知识，提出自己的见解	3			
		敢于标新立异	2			
技能能力（35分）	实操规范	能根据实训任务步骤完成菜单的设计	10			
		菜单设计各环节衔接流畅	5			
	职业岗位能力	能针对不同的民宿的特色来设计菜单	10			
		能关注民宿的主题文化	5			
		能正确使用服务所需的设施设备	5			
职业素养（45分）	组织能力	能组织同学一起讨论问题，分工清晰明确，能及时排解过程中出现的争论	4			
	团队协作能力	表达观点，为小组提供有用的信息、方法	3			
		有团队协作意识	3			
	自我调节能力	能够有效地整合各种学习资源	3			
		遇到问题时可以调整自己的心态	3			

（续表）

评价一级指标	评价二级指标	评价标准	赋分/分	自我评价/分	互相评价/分	教师评价/分
职业素养（45分）	沟通能力	能跟同学建立良好关系，跟同学沟通顺畅	3			
		能够正确地组织语言，表达所学内容	3			
		在小组讨论中能够与他人交流自己的想法	3			
	形象礼仪	能够按照职业要求规范仪容仪表	3			
		体现礼仪礼貌	3			
	服务意识	能够热情、主动、预见性地提供服务	4			
		把客人当作朋友和家长	3			
	责任心	不计较分工，认真完成分配好的角色和任务	3			
		课堂守纪，服从安排	4			
小计			100			
总分＝自我评价/分＊25%＋互相评价/分＊25%＋教师评价/分＊50%			100			
评价总结						
改进方法						

思考与练习

① 民宿菜单设计中的注意事项有哪些？

② 如何通过菜单设计和搭配来提升销售额？

③ 如何利用科技手段提高菜单的展示和点菜效率？

模块二　民宿运营管理与市场营销

模块介绍

　　民宿运营管理与市场营销的核心内容在于高效的运营管理和为客人推广独特的住宿体验，以吸引并满足不同类型客户的需求。运营管理涵盖了客房清洁维护、设施设备管理、客户服务、价格策略制定等方面，以确保客人在舒适、安全的环境中获得愉快的居住体验。而市场营销则着重于建立品牌形象、制定精准的目标客户群体、制定创新的宣传推广策略，以在竞争激烈的市场中脱颖而出，增加预订量和客户满意度，进而实现持续增长和成功经营。在民宿运营管理中，民宿管家需要进行基础运营管理，如人员管理、物品管理、财务管理是民宿管家最主要工作内容；民宿销售管理与营销，直接影响到民宿经营活动的绩效和成果，民宿销售管理、民宿活动策划、民宿产品新媒体推介是销售管理与营销的重要工作内容。

　　在民宿运营管理和市场营销的活动中，民宿服务礼仪和沟通技巧直接影响民宿的社会消费者的心理感受，并对民宿的运营产生直接和潜在的影响。民宿服务的基本环节和沟通要领，直接影响着民宿经营业绩和口碑，是民宿消费者幸福感和归属感的关键因素。如何进行问候、了解需求、提供信息、解答问题、确认预订、提前沟通、入住迎接等，以及运用符合人性的技巧和方法，是民宿经营服务人员在服务工作中应不断提升的基本技能。注重服务细节和提高沟通效能，能为民宿经营提供更专业、更高效率、更优质的服务，直接和潜在的支撑着民宿的经营业绩和品牌。

项目2-1　民宿运营基础管理

民宿管家的运营基础管理包括民宿人员管理、民宿物品管理和民宿财务管理三个方面。民宿人员管理的基本工作包括：制定人员管理计划、招募合适的员工、对员工进行系统培训、实施日常管理制度、制定合理的福利和激励机制等；民宿物品管理是对各种物品进行维护、保养和更换的工作。民宿财务管理涵盖了多个方面，旨在确保民宿业务的财务健康和持续运营。这些基础管理工作对于民宿的经营和发展是非常重要的，能够提高民宿的工作效率、员工满意度、服务质量，同时确保民宿的财务稳定和可持续发展。

任务一　民宿人员管理

任务描述

在民宿人员管理的基本工作中，明确各个部门的业务需求和员工资源，以及了解岗位繁忙程度、班次计划等信息。人员管理包括招募合适的员工、系统培训员工、实施日常管理制度、制定合理的福利和激励机制等。此外，还需要具备沟通与反馈、绩效管理、团队建设、员工关怀、冲突解决、员工离职管理等能力。

学习目标

① 理解人力资源管理在民宿经营中的作用和重要性。
② 了解民宿人员运营管理基本工作内容。
③ 掌握民宿运营管理的基本方法，排班规划原则和方法。
④ 能够根据业务量、员工数量和部门要求等制定出合理的排班计划。
⑤ 能有效地与员工进行沟通和交流。

情景对话

和谐的员工关系是民宿经营管理的核心，要给员工创造幸福感和归属感。

员工：领导，很抱歉，我这周有一些个人的事情需要请假一天。

民宿管家：噢，家里有急事？那你就调休吧。把你的事情处理安排好。

情境讨论：

① 你认为什么是民宿人员管理？
② 民宿人员管理有什么必要性？

知识准备

民宿人员管理是指招募、培训和管理民宿员工的工作，是确保民宿运营顺利的重要环节之一。良好的员工管理可以提高员工的工作效率、增强员工的凝聚力，提高服务质量和客户满意度，为民宿业务带来更多的收益。

一、民宿人员管理的基本工作

民宿人员管理的基本工作包括制定人员管理计划、招募合适的员工、对员工进行系统培训、实施日常管理制度、制定合理的福利和激励机制等。

（1）制定人员管理计划。在经营民宿之前，需要先制定人员管理计划，包括招募、培训、管理和激励等方面。计划需要明确员工的数量、职责、工作的时间安排和工资待遇等细节，确保计划的有效实施。

（2）招募合适的员工。招募员工时需要确定合适的岗位和对应的资质及能力要求，并且要设计一系列的面试题目和考核标准，以便为每名员工提供自我展示的机会，在此过程中可以综合考察每名员工的能力，选择最适合职位的员工。

（3）对员工进行系统培训。对民宿员工进行系统培训（图2-1-1）是提高员工综合素质和工作效率的重要手段。通过不同岗位的业务培训、礼仪培训、危机管理培训等不同形式的培训，使员工在专业技能上得到提高，在工作中更加自信、从容，并且更有耐心和服务意识。

（4）实施日常管理制度。每日安排班次，进行自我检查和整理，共同维护卫生和客户体验，优化流程，加大实际的经营效益。建立固定的周例会，随时沟通员工的工作状态和情况，及时解决员工遇到的问题和困难。

（5）制定合理的福利和激励机制。制定合理的福利和激励机制有助于增强员工的工作积极性和归属感，使他们更加投入工作并愿意为民宿做出更多的贡献。如餐费、交通费、通信费等优待待遇的给予一定要体现公平和人性化的方面。

（1）民宿培训中心　　　　　　　　　　　　　　　　（2）民宿员工培训现场

图2-1-1　招募合适的员工、对员工进行系统培训

二、民宿人员人力资源管理

民宿人员人力资源管理是指在民宿经营过程中，如何有效地处理和管理民宿业主、管理

人员和其他员工之间的关系，以确保良好的工作环境、员工满意度和业务运营的顺利进行。以下是关于民宿人员人力资源管理的重要方面。

（1）招聘与选拔。确保招聘流程透明、公平，根据岗位需求选择合适的候选人。候选人的专业背景、经验和与团队协作的能力都应被考虑。

（2）培训与发展。为员工提供适当的培训，帮助他们适应工作环境并提升技能。培训可以涵盖客户服务、卫生标准、紧急处理等方面。

（3）薪酬与福利。设计合理的薪酬体系，与市场标准和员工职责相符。此外，提供适当的福利，如健康保险、休假制度等，以吸引和留住优秀员工。

（4）绩效管理。设立明确的绩效标准和评估机制，定期对员工的表现进行评估和反馈。合理的绩效管理可以激励员工努力工作，同时也有助于发现问题并进行改进。

（5）沟通与反馈。建立开放的沟通渠道，鼓励员工提出意见、建议和问题。定期进行团队会议和个人谈话，及时解决矛盾和问题（图2-1-2）。

（6）员工关怀。关心员工的工作和生活，关注他们的需求和情感。积极倾听员工的声音，为他们提供支持和帮助。

图2-1-2　民宿人员员工沟通与反馈

（7）团队建设。培养团队合作精神，鼓励员工之间互相支持和协作。组织团队活动可以增强团队凝聚力。

（8）冲突解决。如果出现员工之间或员工与管理层之间的冲突，需要采取适当的措施，如调解、培训或制定明确的纪律规定。

（9）员工离职管理。当员工决定离开时，进行离职流程管理，包括交接工作、办理离职手续，并进行离职面谈，了解其离职原因和反馈。

（10）法律合规。遵守劳动法律法规，确保员工的权益得到保障。在员工合同、工时安排、工资支付等方面需符合法规要求。

民宿人员人力资源管理需要综合考虑员工的需求和企业的运营目标，以创造一个和谐、高效的工作环境，提升员工满意度并为客户提供优质的服务体验。

任务实训

为民宿安排一份一周的人员值班表

一、任务分析

民宿人员管理排班工作流程是保证民宿经营顺利进行的一个重要环节，它的目的是使员工在合理的时间内完成日常工作和服务，班次安排时需要考虑民宿业务的需要、业务的繁忙程度等方面。

二、任务准备

（1）分析业务繁忙程度。要分析民宿的业务繁忙程度，根据之前的经验、历史记录和市场需求等信息，确定时间段的需求。同时，可以预估人员需求、岗位需求和班次设置等因素。

（2）制定班次计划和排班表。根据业务繁忙程度和员工数量，制定班次计划和排班表。此步骤的关键是设计适合各个部门和岗位的排班表，以满足正常业务的高峰期和低峰期的差异，并避免员工在繁忙时期出错或者缺少时间进行培训。

三、任务实施

任务实施的流程见图2-1-3所示。

确定需求和资源 ➡ 制定班次计划 ➡ 设计排班方案 ➡ 制定班次调度规则 ➡ 班表管理 ➡ 班次调度 ➡ 班次公告 ➡ 班次管理

图2-1-3 任务实施流程

第一步：确定需求和资源。首先需要确定各部门的业务需求和员工资源，明确各个岗位的人员数量和能力，并根据业务规划安排员工的岗位和职责。

第二步：制定班次计划。首先根据民宿业务的需要，需要确定对应的岗位。然后根据业务的繁忙程度和员工工作效率，制定合理的班次计划，包括每周或每月的人员排班表（表2-1-1）、人员值班表（表2-1-2），员工休息和出勤规定等。

第三步：设计排班方案。设计排班方案，包括按日、按周、按月等时间周期的排班计划，并根据员工的需求和特殊情况适当进行班次调整。

第四步：制定班次调度规则。民宿经营者需要制定班次调度规则，包括岗位调整规则，员工之间互换岗位的规则等。

第五步：班表管理。制定员工班表，需要先根据业务繁忙程度确定需要的员工数量，然后根据员工的可选时间，将不同岗位的员工安排到正确的时间段。此外，还需要特别注意员工的特殊情况，如员工的假期，以避免员工的出勤问题和排班的不公平性。并且，将制定好的班表进行备份管理，一旦发现错误，及时进行更改。

第六步：班次调度。班次调度是一个非常重要的环节。一旦发现员工有临时请假、调换班次等情况，需要迅速进行调整。此外，在进行调度的时候，要特别注意员工的个人需求和特殊情况，灵活地调整对员工的健康和生产效率都具有重要意义。

第七步：班次公告。公告可以将班表公示在员工可以轻松获取的地方，使得员工可以更加便捷地得到自己的排班信息。此外，在公告班次时，需要对员工的出勤和班次计划进行说明，以避免员工之间的不满和争议。

第八步：班次管理。班次管理中最关键的要素就是调查和监督。管理者需要定期对员工的出勤情况进行记录和分析，查明出勤状况、服务效率、健康水平等等，根据需要进行改进，不断完善工作流程。同时，要建立优秀员工和能力培训机制，以提高员工的绩效和技能。

表2-1-1　人员排班表

代号	姓名	星期一	星期二	星期三	星期四	星期五	星期六	星期日
01								
02								
03								
04								
05								
06								
07								
08								
09								
10								

表2-1-2　人员值班表

部门				负责人	
日期		_月_日至_月_日		联系电话	
值班人员安排					
日期	民宿管家	联系电话	值班人员	联系电话	备注
注意事项	①自觉遵守值班时间，认真做好值班记录 ②妥善处理好当天的偶发事件，及时汇报，切实做好相关工作 ③如遇突发事件，及时与相关领导负责人联系汇报，妥善解决 ④凡值班人员因公因私不能值班，请自行调班；落实责任，并告知领导				

能力拓展

制作"十一"黄金周的值班工作安排

你作为一个旅游城市的民宿管家，"十一"黄金周即将到来，请你按照实际情况，编排七天的员工排班表。

请回答：

① 民宿排班需要遵循哪些原则？

② "十一"黄金周排班管理需要注意些什么问题？

任务评价

根据本项目任务的内容填写民宿排班管理步骤测评表，具体见表2-1-3所列。

表2-1-3 民宿排班管理步骤测评表

评价一级指标	评价二级指标	评价标准	赋分/分	自我评价/分	互相评价/分	教师评价/分
知识能力（20分）	专业能力	理解人力资源管理在民宿经营中的作用和重要性	3			
		掌握民宿运营管理的基本方法	4			
		掌握排班规划原则和方法	4			
		能够根据业务量、员工数量和部门要求等制定出合理的排班计划	3			
	自学能力	能够通过自己已有的知识、经验来独立地获取新知识和信息	2			
	创新能力	能够跳出固有的课内外知识，提出自己的见解	2			
		敢于标新立异	2			
技能能力（35分）	实操规范	能准确确定班次需求和资源	5			
		能制定班次计划	10			
		能设计排班方案	10			
	职业岗位能力	能进行临时班次调度	5			
		能进行班次管理	5			
职业素养（45分）	组织能力	能组织同学一起讨论问题，分工清晰明确，能及时排解过程中出现的争论	5			
	团队协作能力	表达观点，为小组提供有用的信息、方法	5			
		有团队协作意识	5			
	自我调节能力	能够有效地整合各种学习资源	5			
		遇到问题时可以调整自己的心态	3			
	沟通能力	能跟同学建立良好关系，跟同学沟通顺畅	5			
		能够正确地组织语言，表达所学内容	5			
		在小组讨论中能够与他人交流自己的想法	4			
	责任心	不计较分工，认真完成分配好的角色和任务	4			
		课堂守纪，服从安排	4			
小计			100			
总分＝自我评价/分＊25%＋互相评价/分＊25%＋教师评价/分＊50%			100			
评价总结						
改进方法						

思考与练习

① 员工排班流程是什么？需要注意哪些问题？

② 如果临时有员工提出调班请求，你作为部门负责人应如何解决？

任务二　民宿物品管理

任务描述

民宿物品管理是确保客人在入住期间得到良好体验的重要环节。为了有效管理民宿的物品，就需要编制清单、做好物品分类、定期检查和维护房间设施；保持房间物品整洁和清洁；锁定储备品、贵重物品以防损坏，制定损坏赔偿政策等；并且购买民宿保险以保障物品和房屋的财产不受损害。同时，利用"4R"物品管理法，建立物品账卡、定期检查盘点、做好统计分析等进行物品管理。

学习目标

① 理解民宿物品管理的重要性和必要性。

② 掌握编制物品清单的方法和步骤。

③ 了解民宿物品的分类和特点，以及如何根据不同物品的特点进行维护和保养。

④ 能建立物资账卡，并准确登记物品信息。

⑤ 能按照流程和要求领用、归还和结存物品。

⑥ 能应用"4R"物品管理法使用和管理布草物品。

情景对话

整洁的布草用品会给客人带来好的住宿体验，会让客人产生宾至如归的感觉。

员工：床单和枕套，还有一些布草用品使用太久了，会影响客人的舒适和清洁感，是否应该购置更换。

民宿管家：好啊，你能尽快地做一个需要采购的物品清单吗？

情境讨论：

① 物品管理怎么进行？

② 如何合理维护和管理民宿中的各种设备和物品？

知识准备

民宿物品管理是指在管理民宿时对各种家具、装饰品、电器、卫生用品、厨房用具、食品原料等一系列物品的维护、保养和更新的工作。加强物品管理是降低经营成本，提高民宿经济效益的重要途径。良好的物品管理是成功经营民宿的关键因素之一，可以提高客人的住宿体验，增强客户满意度和口碑。

一、民宿物品管理的工作内容

1. 编制物品清单

编制清单是为了确保民宿内所有物品都能得到妥善管理和保护。清单可以列举所有房间的物品，包括家具、装饰品、电器等，并标注其数量、购买日期、价值、负责人等信息，及建立物资账卡。

2. 做好物品分类

做好物资分类是实施有效管理的基础。物资的分类可以从时间顺序上分类，主要分为筹建物资和运营物资；可以从物品特性上分类，主要分为设备类和用品类；也可根据个人管理偏好和民宿经营特点分类。通常民宿将物资分为以下四类。

（1）经营性物品类。餐饮物料、客房物料等。

（2）设施、设备类。洁具、墙纸、地毯、门锁、家具、空调机、电视机、各类清洁器械、工程维修设备等。

（3）外派（包）服务类。设备保养服务、植物/鲜花租摆等。

（4）其他类。汽车管理系统、电脑及设备、工程维修配件、员工制服、办公设备及用品布草洗涤等。

3. 做好定期维护和保养工作

民宿需要多次入住，而通过定期维护和保养，可以使客房一直保持整洁、有序、易于维护。抽查备用物品，只要发现物品磨损、损坏或无法正常使用，就应尽快更换或修复。

4. 规范物品使用

民宿的物品使用方式应该符合常理，例如不让客人用餐具砍坚硬的食物，不让客人用油漆或喷洒香水的喷雾类物品在室内使用等等。同时，管理人员需要制定物品使用规范，监管客人的使用情况。

5. 维护卫生

民宿的日常卫生需要定期清洁并消毒，特别是在客人离开后，更应该做好卫生清洁工作。管理人员还可以使用防虫剂、除湿器等防止虫害和潮湿等问题，维护民宿的卫生环境。

6. 处理好押金问题

如果需要收取客人押金，需要在入住前告知客人，明确押金的用途和归还原则，同时也要获得客人的签字确认。退房时如果发现有物品遗失或损坏，需要在客人面前开列出一个清单，注明所需扣除的押金金额，或者与客人商议其他的处理方案。

二、民宿物品管理的注意事项

民宿物品管理是确保客人在入住期间得到良好体验的重要环节。以下是一些注意事项，可帮助您有效管理民宿的物品。

（1）**清晰的清单和摆放规则**。编制一份清单，列出所有提供给客人使用的物品，例如家具、电器、厨房用具等。在适当的地方，如墙壁或柜子上，标示物品的名称和位置，这有助于客人找到和归还物品。某民宿物品摆放如图2-1-4所示。

（2）**详细的说明书**。为一些复杂的设备或电器，提供明确的使用说明书。这可以防止客人因误操作而损坏物品。

图2-1-4　某民宿物品摆放

（3）**定期检查和维护**。定期检查房间和设施，确保所有物品都正常运作，没有损坏或需要修理的地方。及时修复或更换损坏的物品，以保持房间的完整性和舒适度。

（4）**保持整洁和清洁**。确保房间和物品保持干净整洁。提供必要的清洁用品，鼓励客人在使用后进行清理，如厨房用具、餐具等。

（5）**合理的损坏赔偿政策**。制定明确的损坏赔偿政策，告知客人如果意外损坏了物品，他们需要承担相应的费用。这有助于客人更加谨慎地使用物品。

（6）**储备备品**（图2-1-5）。为常用物品准备备用品，如毛巾、床单、被套等。这样，如果客人需要替换或补充，可以迅速满足他们的需求。

图2-1-5　储备备品

（7）**锁定贵重物品**。如果民宿内有贵重物品或珍藏品，确保将其安全地储存起来，以防止客人随意接触或损坏。

（8）**客人沟通**。在入住时，向客人介绍房间内的物品和设施，并强调正确使用和保养的重要性。同时，提供一个途径，让客人能够随时联系，以解决任何问题或提供帮助。

（9）**反馈收集**。在客人退房后，可以要求他们提供关于物品管理和设施状况的反馈意见，这有助于不断改进物品管理策略。

（10）**保险考虑**。考虑购买适当的民宿保险，以防止意外损失或损害。这可以为民宿的物品和房屋提供额外的保障。

综上所述，有效的民宿物品管理需要细心地规划和维护，以确保客人在入住期间享受愉快的体验，并保护民宿的房屋和物品免受损害。

任务实训

民宿物品登记、盘点和统计分析

民宿即将新进一批设施设备，店长将交由你对设施设备进行日常管理，请按照相关规定完成该批次的物品管理。

一、任务分析

物品管理是民宿管理的重要环节，可以通过利用"4R"物品管理法，进行建立物品账卡、定期检查盘点、做好统计分析等物品管理。

二、任务实施

1. 建立物资账卡

物资购进后，要严格查验，建立物资登记档案，按照进货时的发票编号、分类、注册。记录下品种、规格、型号、数量、价值、使用区域等，见表2-1-4所列。

表2-1-4 设备账本表

区域：

品种	规格	型号及数量	价格	领出	结存	建账时间	经手人

① 所有物资均需分类，分类要细致。

② 每个种类物资建立一页。通常有多少种物资就建立多少页，每一页登记品种、规格、数量等项目，具体见表2-1-5所列。

③ 每个设备类物资都要编号。可采用三节编码法：第一节表示设备种类，第二节表明使用区域，第三节表示设备编号。如客房的床垫可写成：C3-6-5，C-家具类，3-客房区域，6-床垫，5-床垫的编号。

④ 建账基础上建立相应的档案卡，见表2-1-5所列。应做到"账卡相符"，设备在使用过程中发生的维修、变动、损坏等情况，都应在档案卡片及账册上做好登记，设备使用情况也要做好记录。

表2-1-5　设备档案卡

名称	购买日期	供应商	价格

型　号：

外出维修编号：

日期	价格	维修项目	修理方式

2. 定期检查盘点，做好统计分析

① 对民宿各类设备制定定期检查制度，发现问题及时处理。

② 很多客用物品，尤其是客用消耗品都有一定的保质期，要根据市场货源供需关系确定库存数量，定期盘点，避免积压损耗。

③ 对于顾客造成的物资破损，做好实时登记报备和补充。

④ 对每天的用品消耗进行统计，每周、每月、每季度、每年度的客用物品消耗量进行汇总，结合盘点，了解用品实际消耗情况，将实际消耗与定额标准进行对比分析。

⑤ 结合统计分析，根据实际入住情况以及顾客体验对易耗品消耗进行优化和控制。

3. 推行"4R"做法，降低消耗

(1) 减少（Reduce）。减少或不用对环境有污染和破坏作用的材料或用品；减少能源和物资的消耗；减少包装，尽量采取能够重新灌装的容器；减少客用物品的配置和更换。在客房设置环保卡，倡议减少床上用品、毛巾等的换洗。

(2) 再利用（Reuse）。注意回收那些已经用过但仍有再利用价值的物品。如肥皂头、牙刷、牙膏、洗发水等可以用于清洁保养；报纸、纸盒可以卖给废品回收站；报废毛巾可以做抹布。

(3) 循环（Recycle）。在材料和设计上做些调整，倡导循环重复使用。如塑料礼品袋改用布袋或环保纸袋。

(4) 替代（Replace）。尽可能使用有利于环境保护和可再生的产品，代替一些传统产品。如纸质包装代替塑料包装。

能力拓展

布草物品盘点和统计

布草是民宿对客房放置的毛巾、台布和床单、枕套等的统称。民宿布草泛指现代民宿里差不多一切跟"布"有关的东西，包含床上用品、餐饮布草、卫浴布草、会晤布草、

窗帘等。

（1）床上用品。床单、床裙、床盖、床护垫、被套、被芯、枕芯、枕套、抱枕、靠垫、床尾垫/床尾巾、晚安巾、羽绒床品、床罩、毛毯、舒适垫、床笠。

（2）餐饮布草。口布、台布/桌布、椅套、西餐垫、托盘垫、桌裙、舞台裙、擦杯布、杯垫。

（3）卫浴布草。方巾、面巾/毛巾、浴巾、地巾、浴衣/浴袍、浴帘、洗衣袋、吹风机袋、包头巾、桑拿服、沙滩巾。

（4）会晤布草。台套、台裙。

（5）窗帘。内纱帘、遮光帘、外窗帘。

请回答：

① 布草物品存量的合理性？

② 提出布草物品的采购进货计划和建议。

微课　民宿布草配备与管理

任务评价

根据本项目任务的内容填写民宿物品管理测评表，具体见表2-1-6所列。

表2-1-6　民宿物品管理测评表

评价一级指标	评价二级指标	评价标准	赋分/分	自我评价/分	互相评价/分	教师评价/分
知识能力（20分）	专业能力	理解民宿物品管理的重要性和必要性	3			
		掌握编制物品清单的方法和步骤	6			
		了解民宿物品的分类和特点，以及如何根据不同物品的特点进行维护和保养	5			
	自学能力	能够通过自己已有的知识、经验来独立地获取新知识和信息	2			
	创新能力	能够跳出固有的课内外知识，提出自己的见解	2			
		敢于标新立异	2			
技能能力（35分）	实操规范	能够完成民宿物品管理物资账卡建立	10			
		能准确登记物品信息	10			
		能按照流程和要求领用、归还和结存物品	5			
	职业岗位能力	能应用"4R"物品管理法使用和管理布草物品	5			
		会定期检查盘点物品	5			
职业素养（45分）	组织能力	能组织同学一起讨论问题，分工清晰明确，能及时排解过程中出现的争论	5			
	团队协作能力	表达观点，为小组提供有用的信息、方法	5			
		有团队协作意识	5			

（续表）

评价一级指标	评价二级指标	评价标准	赋分/分	自我评价/分	互相评价/分	教师评价/分
职业素养（45分）	自我调节能力	能够有效地整合各种学习资源	5			
		遇到问题时可以调整自己的心态	3			
	沟通能力	能跟同学建立良好关系，跟同学沟通顺畅	5			
		能够正确地组织语言，表达所学内容	5			
		在小组讨论中能够与他人交流自己的想法	4			
	责任心	不计较分工，认真完成分配好的角色和任务	4			
		课堂守纪，服从安排	4			
小计			100			
总分＝自我评价/分＊25%＋互相评价/分＊25%＋教师评价/分＊50%			100			
评价总结						
改进方法						

思考与练习

① 民宿物品管理的工作内容有哪些?

② 民宿物品管理有哪些注意事项?

任务二　民宿财务管理

任务描述

　　民宿财务管理是保障民宿业务稳健运营和财务健康的关键步骤。资金管理规划、资金流动管理、成本控制、预算编制、财务报表透明度等都是财务管理的重要内容。民宿需要进行采购和库存管理，并合理管理现金流。此外，民宿还需要注重内部控制、财务报告和沟通、调整和优化等方面的工作。通过严格、科学、规范的资金管理操作，民宿可以实现收益和利润的增长，提高竞争力和经营效益。

学习目标

① 理解财务管理在民宿运营中的重要性。

② 了解民宿财务管理的有关概念。

③ 培养风险意识和合规意识，确保财务活动的合法性。

情景对话

民宿管家财务管理流程是一个综合性的过程，涉及多个环节和步骤。它要求管理者不仅要有扎实的财务知识，还要具备良好的规划和风险管理能力。

投资人：民宿财务管理在民宿管理中是十分重要的环节。

民宿管家：是的，民宿财务管理不仅涉及民宿是否盈利，更会涉及相关法律法规的相关环节。

情境讨论：

① 民宿运营财务管理重点是什么？

② 年度预算编制对经营计划的实现起什么作用？

知识准备

一、民宿财务管理的基本知识

1. 收入管理

（1）房费收入：包括不同房型的定价策略、季节性价格调整等。

（2）额外费用：如清洁费、押金、额外服务费等的收取和管理。

2. 支出管理

（1）日常运营成本：如水电费、清洁用品、维护费用等。

（2）装修和维护费用：保持民宿设施设备的良好状态需要定期维护和修复。

（3）人力资源成本：如员工工资、福利待遇等。

3. 税务和法律要求

（1）理解并遵守当地的税务法规，包括所得税、增值税、房产税等。

（2）符合民宿运营的法律要求，如安全标准、消防要求等。

4. 预算和财务规划

（1）制定和执行预算，以控制支出并合理分配资金。

（2）进行财务规划，包括投资回报预测、资金流动管理等。

微课　民宿财务管理

5. 会计记录和报表

（1）确保准确记录每笔收入和支出，使用会计软件或电子表格管理财务数据。

（2）生成和分析财务报表，如损益表、资产负债表等，评估民宿的财务状况和经营绩效。

6. 客户支付和账务管理

（1）管理客户支付过程，包括确认预订、收取定金或全额房费、处理退款等。

（2）管理账务，确保客户的账单准确和及时结算。

7. 风险管理

（1）识别和管理风险，如客户取消预订、损坏财产、法律诉讼等风险。

（2）购买适当的保险，覆盖可能发生的损失或责任。

8. 客户服务和满意度

（1）提供优质的客户服务，包括对客户需求的快速响应和问题的解决。

（2）监控客户满意度，通过反馈和评价改进服务和设施。

二、民宿财务报表的基本内容

1. 损益表

显示特定时期内的收入和支出情况，计算出净利润（或净亏损）。

（1）收入部分包括房费收入、清洁费收入、其他服务费收入等。

（2）支出部分通常包括日常运营成本、维护费用、人力资源成本、折旧费用等。

（3）计算出净利润（或净亏损），反映民宿在给定期间的经营盈利能力。

2. 资产负债表

展示民宿在特定日期的资产、负债和所有者权益。

（1）资产包括现金、应收账款、固定资产（如房屋、家具设备等）、投资等。

（2）负债部分包括应付账款、贷款、未支付的费用等。

（3）所有者权益反映了业主或投资者的投资价值和积累的利润。

3. 现金流量表

汇总特定时期内现金的流入和流出情况，涵盖了运营活动、投资活动和融资活动的现金流量。

（1）运营活动包括房费收入、支付给供应商的费用等。

（2）投资活动包括购买和出售资产的现金流动情况。

（3）融资活动包括筹集资本和偿还债务的现金流量。

4. 预算与实际对比表

比较预算和实际财务表现，评估经营计划的执行情况。显示预算中设定的收入和支出与实际发生的数值之间的差异，有助于管理者识别任何偏差并采取必要的调整措施。

5. 财务比率分析

财务比率分析包括各种财务比率，如毛利率、净利润率、资产周转率等。这些比率帮助评估民宿的财务健康状况、运营效率和盈利能力。

6. 附注和解释性信息

提供关于财务报表中数据来源、会计政策变更、重大事件影响等额外的解释和背景信息。

三、民宿收入账单的基本内容

1. 基本信息

民宿名称和地址，客户姓名（或预订人姓名），客户联系方式（电子邮件或电话）。

2. 预订信息

入住日期和离店日期，房间类型或房间编号，预订来源（如Booking.com等）。

3. 费用明细

房费：每晚房费单价及总房费。

清洁费：如有的话，需明确清洁费用。

押金：如有的话，需列出押金金额。

其他费用：例如额外服务费（如早餐、接机服务等）。

4. 支付信息

支付方式：现金、信用卡、支付宝等。

支付日期和金额：包括客户实际支付的金额及支付日期。

5. 税务信息

税率和税额：根据当地税务规定，可能需要包含增值税等信息。

税务号码：如有，需要在账单上标明税务登记号。

6. 备注信息

特殊要求或注意事项：客户可能提出的特殊要求或特殊安排。

其他补充信息：如有额外的备注或说明。

7. 总结与结算

总计费用：所有费用的汇总，包括房费、清洁费、押金等。

结算状态：已支付、待支付、退款等状态的明确标识。

8. 签字与确认

民宿经营者或负责人的签名或确认，以及客户的确认。

实践训练

编制民宿收入账单

通过知识准备，结合各类专业书籍等渠道，请以表格的形式制作一份民宿某日某房间客人的收入账单。

一、任务分析

编制民宿收入账单是确保财务记录准确性和合规性的重要任务。民宿几乎每日都会有新的客人入住及离店，准确做好客人的消费账单，是保障民宿日常运转及收益的基本前提。

二、任务准备

学习相关账单项目知识及内容。

三、任务实施

编制民宿收入账单是确保业务稳健运营和财务健康的关键步骤。以下是一个民宿编制收入账单的基本流程。

1. 收集预订信息

（1）客人信息：包括客人姓名、联系方式。
（2）预订详情：预订日期、入住日期、离店日期。
（3）预订渠道：如 Booking.com、Airborne 等。

2. 确认入住信息

（1）实际入住数据：确认实际入住日期和离店日期。
（2）房型和价格：确认客人入住的具体房型和相应的房费价格。

3. 计算房费收入

根据客人的实际入住日期和离店日期计算实际的入住天数。根据房型和价格表，计算每天的房费收入。

4. 考虑折扣和额外费用

如果有折扣或促销活动，确保计算房费时进行正确的折扣调整。确认并记录任何额外费用，如清洁费、额外费用、停车费等。

5. 收集其他收入信息

记录其他来源的收入，如服务费、押金退还等。

6. 考虑取消和退款政策

如果有客人取消预订或需要退款，记录并调整相关收入数据。

7. 整理费用支出

收集和整理所有相关的费用支出，如清洁费、维护费用、增值税、服务费等。

8. 核对支付信息

核对通过各种支付平台（如银行转账、在线支付）收到的款项，并与预订信息对比，确保收入和支付的一致性。

9. 记录和报告

将所有收入和支出信息录入会计软件或电子表格中。生成详细的账单或财务报表，包括每位客人的详细房费和其他费用。

10. 审核和调整

审核账单和报表，确保所有数据准确无误。如有需要，进行必要的调整，例如修正错误的费用、取消未确认的收入等。

11. 存档和备份

存档所有相关文件和电子记录，以备将来审计或税务目的使用。

能力拓展

编制一份民宿预算

假设我们经营一家位于乡村风景区的民宿，该民宿拥有5个客房，提供早餐服务和自行车租赁服务。为了有效管理财务并规划未来的发展，我们需要编制一份年度预算，见表2-1-7所列。

表2-1-7　民宿收支预测表

收入项目	收入预算
项目1—客房收入：根据去年同期数据，每个房间平均每夜价格为300元，平均入住率为70%	5房间＊300元／晚＊365天＊70％＝383,250元
项目2—早餐服务收入：假设每位客人的早餐费用为50元；	5房间＊1.5人／房＊50元／人＊365天＊70％＝95,812.5元
项目3—自行车租赁收入：每天租赁费为50元／辆	5辆自行车＊50元／天＊365天＝91,250元
项目4—其他服务收入（如导游、交通服务等）：	20,000元
总收入预测：383,250元＋95,812.5元＋91,250元＋20,000元＝590312.5元	
支出预测	
支出项目	支出预算
项目1—人员工资（包括清洁工、厨师、维护人员）：	300,000元
项目2—食材和饮料采购：	150,000元
项目3—维护和折旧（包括房屋、家具、设施的维护和折旧）：	50,000元
项目4—水电气费：	20,000元
项目5—市场营销和广告：	30,000元
项目6—保险和税费：	25,000元
项目7—市场营销和广告：	10,000元
总支出预测：300,000元＋150,000元＋50,000元＋20,000元＋30,000元＋25,000元＋10,000元＝585,000元	

（续表）

收入项目	收入预算
预算分析： 总收入－总支出＝590 312.5元－585，000元＝5312.5元	
结论： 根据预算编制，我们发现民宿仅盈利5312.5元。为了改善财务状况，我们可能需要增加收入（通过提高房价、增加入住率或提供更多服务），或者减少支出（通过优化运营成本或寻找更经济的供应来源）。预算编制为我们提供了明确的方向和目标，帮助我们做出更明智的经营决策。	

作为一名民宿管家，请根据民宿财务管理的基本知识，编制一份民宿预算，制作一份包含收集预订信息、确认入住信息、计算房费收入、考虑折扣和额外费用、收集其他收入信息、考虑取消和退款政策、整理费用支出及其他项目的民宿财务管理文档。

请回答：

① 民宿预算报表的基本内容有哪些？

② 民宿预算报表编制需要注意哪些事宜？

任务评价

根据本项目任务的内容填写编制民宿收入账单及民宿预算测评表，具体见表2-1-8所列。

表2-1-8　编制民宿收入账单测评表

评价一级指标	评价二级指标	评价标准	赋分/分	自我评价/分	互相评价/分	教师评价/分
知识能力（20分）	专业能力	理解财务管理在民宿运营中的重要性	3			
		了解民宿财务管理的有关概念	6			
		熟悉民宿收入账单的有关项目	5			
	自学能力	能够通过自己已有的知识、经验来独立地获取新知识和信息	2			
	创新能力	能够跳出固有的课内外知识，提出自己的见解	2			
		敢于标新立异	2			
技能能力（35分）	实操规范	能编制民宿收入账单	20			
		能编制民宿预算	15			
职业素养（45分）	组织能力	能组织同学一起讨论问题，分工清晰明确，能及时排解过程中出现的争论	5			
	团队协作能力	表达观点，为小组提供有用的信息、方法	5			
		有团队协作意识	5			

（续表）

评价一级指标	评价二级指标	评价标准	赋分/分	自我评价/分	互相评价/分	教师评价/分
职业素养 （45分）	自我调节能力	能够有效地整合各种学习资源	5			
		遇到问题时可以调整自己的心态	3			
	沟通能力	能跟同学建立良好关系，跟同学沟通顺畅	5			
		能够正确地组织语言，表达所学内容	5			
		在小组讨论中能够与他人交流自己的想法	4			
	责任心	不计较分工，认真完成分配好的角色和任务	4			
		课堂守纪，服从安排	4			
小计			100			
总分＝自我评价/分＊25%＋互相评价/分＊25%＋教师评价/分＊50%			100			
评价总结						
改进方法						

思考与练习

① 什么是民宿财务管理？

② 如何做好民宿财务管理工作？

项目 2-2　民宿销售管理与营销

在民宿经营活动中，销售管理和营销工作是关键性工作。在全媒体时代，如何利用好新媒体平台开展引流和进行OTA（在线旅行社）销售，决定着民宿销售业绩的好坏。

民宿营销活动策划和民宿产品新媒体推介是民宿营销活动的重要工作内容。如何撰写民宿新媒体活动的文案，是民宿管家需要掌握的一项基本技能。文案内容可以包括与住宿相关的内容、与民宿活动相关的内容、与客房介绍相关的内容等。在文案排版上需要考虑阅读体验优先、内容格调一致、醒目辨识度高等原则。

任务一　民宿引流

任务描述

在如今这个旅游市场竞争激烈的时代，吸引潜在客户到你的民宿是确保业务成功的关键。有效的引流策略可以帮助你的民宿增加曝光度，吸引更多目标客户，并最终转化为预订和销售。

学习目标

① 掌握引流的基本原则和技巧。

② 学习如何利用不同的在线和离线渠道进行引流。

③ 了解如何创建有吸引力的内容来提高潜在客户的兴趣。

④ 熟悉评估和优化引流活动的方法。

⑤ 了解民宿目标市场的客人类型和需求及个性化销售方法。

微课　民宿管家如何引流

情景对话

客人通常会通过抖音、小红书、美团、携程等平台关注到民宿，有效提升民宿的曝光率和预订率，能提高民宿的整体收益。

投资人：最近各类自媒体各出奇招宣传自己的民宿，让客人通过各类平台了解预订民宿，我们是否也可以开发一下呢？

民宿管家：当然可以呀！

情境讨论：如何提升民宿的关注度和曝光度？

民宿引流是指通过各种方式吸引更多的潜在客户或访客到民宿度假或居所。这包括利用互联网广告、社交媒体营销、搜索引擎优化（SEO）、内容营销、口碑营销等手段，从而增加民宿的曝光率和吸引力。民宿通常是小规模经营的住宿选择，因此需要积极寻找新客户并保持客户流量，引流策略的成功直接影响着民宿的入住率和经营效果。

一、民宿引流的操作流程和特殊情况的处理

1. 操作流程

民宿引流的操作流程如图2-2-1所示。

（1）确定目标客户：分析和定义你的目标市场和理想客户群体。研究目标客户的偏好和行为习惯。

（2）选择引流渠道：根据目标客户的媒体使用习惯选择适当的引流渠道。常见的引流渠道包括社交媒体、搜索引擎、旅游网站和博客等。

（3）内容制作与发布：制作高质量、有价值且吸引人的内容，如图片、视频、文章或优惠信息。定期发布内容以维持客户兴趣和参与度。

（4）互动与社区建设：通过评论、竞赛和问答等方式与客户互动。建立和维护一个积极的在线社区，鼓励客户分享和推荐。

（5）广告与合作：利用付费广告扩大民宿的可见度和影响力。与其他品牌或博主合作，通过联名活动共同推广。

（6）监测与分析：使用分析工具追踪引流活动的效果。根据数据调整策略，不断优化引流效果。

确定目标顾客 → 选择引流渠道 → 内容制作与发布 → 互动与社区建设 → 广告与合作 → 监测与分析

图2-2-1　民宿引流的操作流程

2. 特殊情况的处理

（1）遇到负面反馈：主动沟通，寻求解决问题的机会，向客户展示积极的服务态度。

（2）引流活动反响不佳：重新评估目标市场，调整内容策略或尝试新的引流渠道。

（3）面对预算限制：优先考虑成本效益最高的引流方式，如口碑营销或内容营销。

作为一名民宿管家，如何进行民宿特色产品的引流。

一、任务分析

四如归来民宿地处鹅湖镇窑坞耳·玉窑山庄内，靠近4A景区——高岭中国村，是一家以陶瓷文化为主题的精品民宿。民宿内所陈列陶瓷以景德镇传统柴窑遵循古法烧制而成。从配料、淘洗、踩泥、成型、装饰、选配釉料、施用等工序中淋漓尽致的诠释着"白如玉、明如镜、薄如纸、声如磬"所隐喻的材料和工艺境界。"四如"民宿以此取名。民宿将现代舒适

与徽派古建完美结合，融合传统文化，以十二生肖、春夏秋冬、梅兰竹菊、琴棋书画及福禄寿寓于客房。

陶瓷是民宿的特色产品，作为一名民宿管家，要主动展示并推荐民宿、推销特色产品。

这需要民宿管家了解产品的特色工艺，并做到细心、灵活，具备良好的沟通和客户服务能力。以真诚的态度、个性化的服务和耐心的沟通。通过精细的服务，可以提高客人的兴趣，增加销售机会。

二、任务准备

了解所需引流的民宿特色产品陶瓷的相关制作过程及信息。

三、任务实施

民宿特色产品引流销售可细分为以下流程，如图2-2-2所示。

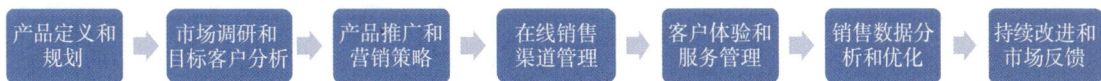

产品定义和规划 → 市场调研和目标客户分析 → 产品推广和营销策略 → 在线销售渠道管理 → 客户体验和服务管理 → 销售数据分析和优化 → 持续改进和市场反馈

图2-2-2　民宿特色产品引流销售流程

1. 产品定义和规划

（1）确定特色产品：选择民宿独有的特色产品或服务，例如特色房型、定制体验、当地特色美食、文化活动等。

（2）明确产品的独特卖点：确保特色产品具有独特性和吸引力，能够与竞争对手区分开来。

2. 市场调研和目标客户分析

（1）确定目标客户群体：分析潜在客户的偏好、需求和消费习惯，确定特色产品最适合的目标市场。

（2）竞争分析：了解周边竞争对手推出的类似特色产品，找出你的优势和竞争点。

3. 产品推广和营销策略

（1）制定推广计划：确定推广特色产品的时间表和策略，包括使用的营销渠道和工具。

（2）宣传和广告：通过在线平台、官方网站、博客、地方性旅游指南等媒介，宣传特色产品的独特性和优势。

4. 在线销售渠道管理

（1）在OTA平台上发布：确保特色产品在主要的在线旅游代理平台（如Booking.com等）上有清晰的展示页面和详细的描述。

（2）优化页面：确保网页内容吸引人，并包含高质量的图片和客户评价，增加预订转化率。

5. 客户体验和服务管理

（1）提供个性化服务：根据客户需求和偏好，定制特色产品的体验方案。

（2）反馈管理：积极收集客户反馈，及时回应和解决问题，以提升客户满意度和口碑。

6. 销售数据分析和优化

（1）监控销售数据：定期分析特色产品的预订量、客户来源、入住率等数据，评估销售表现。

（2）调整策略：根据数据分析结果调整市场营销策略、产品定价或服务内容，优化销售效果和客户体验。

7. 持续改进和市场反馈

（1）持续创新：定期更新特色产品，增加新的体验项目或服务，保持客户的兴趣和回头率。

（2）积极回应市场反馈：根据客户和市场的反馈，及时调整和改进产品或服务，保持竞争力。

请同学们以小组为单位，制定一份关于民宿销售陶瓷工艺品的引流策划书，要求包含民宿特色产品销售引流的七个步骤，并由小组或老师点评（表2-2-1）。

表2-2-1　销售陶瓷工艺品的引流策划书评价表

序号	内容	要点	赋分	评分
1	产品定义和策划	确定特色产品 明确产品的独特卖点	10	
2	市场调研和目标客户分析	确定目标客户群体 竞争分析	10	
3	产品推广和营销策略	制定推广计划 宣传和广告	30	
4	在线销售渠道管理	在平台上发布 优化页面	30	
5	客户体验和服务管理	提供个性化服务 反馈管理	10	
6	销售数据分析和优化	监控销售数据 调整策略	5	
7	持续改进和市场反馈	持续创新 积极回应市场反馈	5	

能力拓展

利用引流的方式开展民宿客房销售

利用引流的方式开展民宿客房销售，可以采取多种策略和方法，主要目的是通过吸引目标客户的注意力和兴趣，将顾客引导到民宿网站或者预订平台进行实际预订。

1. 内容营销

博客文章和旅行指南：撰写关于民宿所在地的博客文章或旅行指南，包括当地景点介绍、美食推荐等，吸引对这些内容感兴趣的读者，通过文章中间或结尾引导他们查看更多关于民宿的信息。

社交媒体内容：发布吸引人的图片和故事，展示民宿的特色和周边环境。结合有吸引力的标签和位置标记，引导潜在客户点击进入预订页面或者官方网站。

2. 搜索引擎优化（SEO）

优化网站内容，确保在搜索引擎结果中排名靠前。使用相关的关键词和长尾关键词，如"××地区民宿预订""××地区度假住宿"等，提高网站在搜索结果中的曝光率。

3. 社交媒体营销

有针对性的广告投放：在社交媒体平台上进行有针对性的广告投放，定位到可能有兴趣的潜在客户群体，例如年轻夫妇、家庭度假者或者周末旅行者。

合作和影响者营销：与旅行博主、地方社交媒体影响者或者旅行社合作，让他们分享民宿的信息和体验，扩大品牌知名度和影响力。

4. 口碑营销和客户反馈

鼓励现有客人分享他们的入住体验和照片，可以通过社交媒体或民宿网站的评论和评分系统。良好的口碑和真实的客户反馈是吸引新客户的有效方式。

5. 特别优惠和促销活动

提供限时优惠、团购价或者预订套餐，吸引价格敏感型客户。这些活动可以通过电子邮件营销、社交媒体宣传或者直接在官网上发布来推广。

6. 合作伙伴和本地业务联盟

与当地的旅游业务、景点、餐馆或者商店建立合作关系，互相推荐和交叉促销。例如，与附近的景点合作推广旅游套餐，包含住宿和门票等。

7. 事件和活动策划

在特定的节日、假期或者当地重大活动期间，提供吸引人的活动套餐或者特别体验，如包括当地节庆活动或文化表演的住宿方案。

请回答：

① 可以开展民宿客房引流的有哪些平台？

② 民宿客房引流的方式有哪些？

任务评价

根据本项目任务的内容填写民宿引流任务测评表，具体内容见表2-2-2所列。

表2-2-2 民宿引流任务测评表

评价一级指标	评价二级指标	评价标准	赋分/分	自我评价/分	互相评价/分	教师评价/分
知识能力（27分）	专业能力	掌握民宿引流的操作流程	10			
		掌握正确民宿引流的操作技巧	11			
	自学能力	能够通过自己已有的知识、经验来独立地获取新知识和信息	2			
	创新能力	能够跳出固有的课内外知识，提出自己的见解	2			
		敢于标新立异	2			
技能能力（28分）	实操规范	能够进行客户需求了解，提供个性化的服务和推荐	5			
		能够用语言和表现技巧与客人沟通和交流，促成购买决策	5			
	职业岗位能力	能正确使用民宿引流的操作流程	9			
		能独立开展民宿引流	9			
职业素养（45分）	组织能力	能组织同学一起讨论问题，分工清晰明确，能及时排解过程中出现的争论	5			
	团队协作能力	表达观点，为小组提供有用的信息、方法	5			
		有团队协作意识	5			
	自我调节能力	能够有效地整合各种学习资源	5			
		遇到问题时可以调整自己的心态	3			
	沟通能力	能跟同学建立良好关系，跟同学沟通顺畅	5			
		能够正确地组织语言，表达所学内容	5			
		在小组讨论中能够与他人交流自己的想法	4			
	责任心	不计较分工，认真完成分配好的角色和任务	4			
		课堂守纪，服从安排	4			
小计			100			
总分=自我评价/分＊25%+互相评价/分＊25%+教师评价/分＊50%			100			
评价总结						
改进方法						

思考与练习

① 民宿引流的工作内容有哪些?

② 如何制定销售策略以提高预订率?

③ 如何管理预订流程和在线预订平台?

任务一　民宿OTA平台与新媒体营销

任务描述

OTA平台（Online Travel Agency，在线旅行社）是通过在线平台销售各种旅游产品和服务的中介平台，包括住宿预订。为民宿提供了一个广泛的市场和可靠的预订渠道，能够吸引来自世界各地的旅客。通过OTA，民宿可以获得更广泛的曝光和更高的预订率，同时受益于OTA的市场推广和支付解决方案。利用好OTA（在线旅行社）平台开展营销活动，将民宿信息更好通过平台呈现能提升顾客的转化率。作为民宿管家，理解如何利用各种工具、平台来引流，做好OTA平台至关重要。

新媒体是民宿宣传的有效渠道，而文案撰写又是新媒体宣传的关键。通过新媒体宣传，民宿可以增加客源、流量变现，同时也能够塑造品牌形象。民宿管家要掌握新媒体宣传的渠道和方法，维护好民宿的微信公众号，定期推送一些相关信息。通过公众号将策划的一些有趣的活动与住宿相关的故事公开发布，吸引客户关注和参与互动。在文案内容的创作过程中，需要围绕客户需求进行设计，并且确定一贯风格和醒目的辨识度。

学习目标

① 了解民宿新媒体宣传的渠道和方案撰写。
② 掌握良好的民宿常用文案的写作方法。
③ 能够使用常用的民宿文案进行创作与传播。
④ 掌握微信公众号推广和互动的方法。
⑤ 了解民宿OTA的常见平台。
⑥ 掌握使用OTA平台的基本技巧。

微课　民宿OTA销售

情景对话

新媒体可以让我们的民宿及我们的服务插上飞翔的翅膀，实现更有效的传播和营销。

客户：你们这里景色这么迷人！如果能拍一些短视频，在抖音、小红书、快手上宣传播放，让更多的人知道，那就好了。

民宿管家：Good idea。我们应该做一些。让我们的老客户随时有幸福的回忆，新客户也会慕名而来。

情境讨论：
① 你知道哪些渠道属于新媒体推介吗？
② 民宿营销最适合的新媒体有哪些？

知识准备

随着科技的发展，移动互联时代越来越成熟，依托各种新兴通信和传播的新媒体时代已经到来。中国移动互联网发展报告（2021）统计，2020年我国4G用户总数达到12.89亿户，占移动电话用户数的80.8%。我国5G用户规模快速扩大，5G终端连接数突破2亿户。截至

2020年12月，中国手机网民规模已达9.86亿，较2020年3月增长8885万，占整体网民的99.7%。手机网民的规模稳定增长，带来的是自媒体用户基数大，自媒体数量多，受众日益细分，流量曝光不成问题，消费者媒体接触习惯发生改变。尤其是年轻的群体，更是对新媒体产生依赖。为了吸引新锐的消费人群，开拓新兴的消费市场，民宿管家不得不投身新媒体大潮，不断适应民宿新媒体的新趋势。

随着新媒体的兴起，传统媒体不再居于主流地位，大众化的传播方式让新媒体越来越被受众所接受。人人都是媒体传播者，人人都能成为"网红"。民宿也借着新媒体的东风，投身新媒体大潮，分享着新媒体带来的红利。那么民宿开展新媒体宣传有哪些意义呢?

一、民宿新媒体宣传的优势

1. 新媒体推广成本可控

新媒体提供了很多免费的开放平台，并且资源共享，例如在微信开通公众号，在微信、QQ上建立粉丝群等，这些都是免费的。只要你的内容有创意，受众觉得有趣或者有意义，就会免费帮你分享，无偿传播，不仅是自发式的传播，而且理论上还可呈现倍数的病毒式传播效应。

2. 可以更精准地定位民宿客户群

在新媒体的传播中针对性更强，这是基于大数据的分析和运用的。例如我们在看短视频的时候，在某个物品上停留了一分钟，那么短视频平台就会认定你有购买该物品的需求，因此在之后的短视频中，就会频繁推送不同品牌的该物品。那么新媒体传播过程就是让民宿管家清楚地知道客户的需求，例如新媒体中的评论、互动等，都清晰地表达出民宿客户群的潜在需求。

3. 新媒体推广可以激发用户的参与感

和传统媒体不同，新媒体传播更注重用户的参与感，通过圈子、评论、直播等互动方式，使得民宿客户与民宿管家的沟通更畅通，互动性更强。民宿管家所要做的就是让目标客户参与，让民宿品牌融于消费者的互动活动中，融于口碑当中，形成传播源，不断扩散。这样，让民宿客户成为你新媒体的一部分，就是每个民宿管家努力的方向，也是吸引客户流量的重要途径。

4. 有利于快速塑造民宿的品牌

新媒体在实现增加客源、流量变现的同时，还能塑造民宿的品牌。新媒体具有私人定制性，每个民宿经营者都可通过新媒体来传播自己想要表达的主张，更能够体现自己独特的服务、环境和风格，传递自己对于民宿的理解和故事。例如无边泳池、莫干山民宿、北方的小院等民宿都通过新媒体塑造了自己的品牌形象，并获得了市场的认可。

二、民宿宣传的新媒体渠道

新媒体是相对于传统媒体而言的，随着时间的推移、数字技术的更新及移动互联网的发展，网络PC端的内容已逐渐被归类到传统媒体中，近年来被称为"新媒体"的则是随着移动互联网技术发展而兴起的媒体渠道，主要有以下几类渠道。

（1）社交类。QQ、微信、微博等。

（2）新闻资讯类。今日头条、网易新闻、腾讯新闻等。

（3）直播类。花椒、映客、斗鱼、一直播等。

（4）短视频娱乐类。抖音、小红书、快手等。

（5）视频娱乐类。优酷、哔哩哔哩、爱奇艺等。

（6）团购垂直类。携程、美团、大众点评等。

目前的线上民宿行业平台主要分为三个阵营："携程系""美团系""飞猪系"。这些都是国内民宿行业龙头OTA，平台涉及了民宿，度假，票务，旅游等多个领域，为游客提供旅游住宿一站式服务。

三、民宿新媒体宣传方案撰写

新媒体宣传方案撰写的步骤包括：明确写作目的、拟定标题、开头设计、民宿常用文案内容、民宿常用文案的排版等。

1. 明确写作目的

明确此次推广图文的主要目的是形象传播还是提高民宿销售量，目的不同，写作的思路和方法也会不同。因此在创作之前，要搞清三个问题：对谁说？说什么？在哪儿说？这三个问题搞清楚了，图文创作就有了明确的方向。

2. 拟定标题

好的标题可以在海量信息中成功吸引用户注意力，引导用户点击阅读，并且筛选用户，提高图文内容的转化率。常用的标题拟定方法有以下4种。

（1）数字化标题。即将正文的重要数据或本篇文章的思路架构，整合到标题。一方面可以利用吸引眼球的数据引起读者注意，另一方面可以有效提升阅读标题的效率。例如：3折秒杀，邀你奔赴一场大海之旅；坐拥13000亩原始森林，遁入隐秘之境。

（2）人物化标题。即借名人来吸引阅读。移动互联时代，信任先行，口碑影响力越来越大，用户会出于对专业人士及名人的信赖，而信赖他们的观点或推荐。因此，如果你的正文中涉及专业人士成名人的观点，那么可以将其姓名直接拟入标题。

（3）体验化标题。每个人所处的环境不同，看文章的心情也不同。但是为了引导读者的情感，你需要为读者营造场景，你可以在标题中加入体验化语言，包括"激动""难受""兴奋""不爽"等情感类关键词及"我看过了""读了N遍""强烈推荐"等行为类关键词。如：热度10亿＋！这座海上花园永远玩不腻；住进海南船屋！这家宝藏民宿，明星都赞不绝口。

（4）情感化标题。用户会关注与自己相关的话题，尤其是可能触及自己利益的话题。因此正文内容有关于用户切身利益的时候，可以尝试设计能够触动用户心弦，引发用户情感共鸣的标题。如：最快18分钟直达，古乡秘境的春节感从不让人失望！清明假期还能出游吗？官方回应！

当然，除了以上外，真实、准确是标题的最重要原则，在任何时候都不能做标题党，这样可能会伤害用户的信任。

3. 开头设计

开头具有承上启下的作用。一方面，开头要与标题相呼应，否则会给读者"文不对题"的印象；另一方面，开头需要引导读者阅读后文。一个成功的开头具有五个特点：符合用户预期、开门见山、与我相关、引起好奇、简明有力。通常有故事型、图片型、简洁型、悬疑型等类型，具体如下。

（1）故事型。以故事讲述的方式吸引用户阅读兴趣。读故事是最没有压力的，也是最有趣的。故事型开头，可以直接把与正文内容最相关的要素融入故事，让读者有兴趣读下去。

（2）图片型。以一张图片作为开始，增加读者目光的停留时间，并提升读者的阅读兴趣，更好地表现文案。

（3）简洁型。如果标题已经写得很明白，基本涵盖了你想要表达的内容，那么开头一句话点题即可。

（4）悬疑型。通常会以问句的形式向读者提问，而且是容易引起读者思考或兴趣的问题，这样吸引读者带着寻找答案的心态继续阅读。

4. 民宿常用文案内容

民宿在维护、更新新媒体时，常常苦于没有合适的内容可以写作，因此常常陷入僵局或者停更状态。下面简要介绍常用的民宿文案内容。

（1）与旅游相关的内容。民宿是旅游产业的重要组成部分，而且民宿也基本均位于热门旅游目的地或有浓厚文化气息的乡村，主要的客户群体就是异地准备来旅游或者计划来旅游的人群。因此在新媒体传播时，可结合当地的旅游攻略来进行更新，包括交通、气候、娱乐产品、美食、美景、当地文化、民俗风情等，这样的内容不仅容易被读者收藏、转发，而且也容易形成持续性。

（2）与住宿相关的内容。比如对当地一些民宿、客栈、民宿的介绍，凸显每家的特色和不同，尤其是对自家民宿的介绍和推广。例如徽州民宿50佳之××民宿；盘点黄山最美10佳民宿；黄山适合情侣入住的5家民宿等，通过这种相关内容把自家民宿融入其中。

（3）讲述与民宿有关的故事。民宿很多是老宅改造而成，在建筑和历史上有自己的故事。民宿主投身民宿建设，也有很多故事。而民宿主人是一家民宿的灵魂，可以通过讲述民宿主人的故事、老房子的故事等，来吸引客人的关注。

（4）讲述在民宿里发生的故事。可以包括民宿日常相关的信息和活动、产品的信息，增加客户的互动和体验感。同时还可以发布住客的故事。每一个入住的客人都有自己的故事，可以主动和住客进行交流，了解他们的旅行故事或生活感悟。还可以拿出部分奖品对住客进行征集，让住客讲述自己的故事。

（5）讲述用户关注的内容。可以根据当前的旅游形势或者社会热点，紧跟民众视线，编排用户关注的热点文案。当然，这样需要民宿管家平时不仅要多积累素材，还要有一双慧眼，紧跟潮流和热点。

5. 民宿常用文案的排版

排版是内容的脸面，好的排版能够直接让用户耳目一新，在带来更优的阅读体验的同时还有一种美感。通常认为有以下四个原则。

（1）**阅读体验优先**。排版的标准可以有很多种，但在自媒体中，如何让用户有喜欢的阅读体验是最重要的。阅读体验优化，可以提升读完率、互动率和认知度。

（2）**内容格调一致**。排版的时候要根据文案内容，考虑用户阅读体验，内容和风格一致，避免出现花里胡哨或者让人眼花缭乱的排版。

（3）**辨识度醒目**。每一个民宿的自媒体账号都要有自身的特色，图文的排版也应有醒目的个性，包括排版形式和视觉元素，凸显本民宿的辨识度，加深用户对品牌的认知。

（4）**稳定一贯风格**。确定了民宿自媒体账号的特色后，在排版风格上要有稳定性，稳定的视觉冲击能够加深用户的印象，增强用户对民宿的认知度。

四、民宿OTA销售

1. 选择和注册OTA平台

（1）了解不同OTA平台的特点、目标客户群以及费用结构。

（2）比较各平台的用户群体、市场定位、费用结构。

（3）根据民宿类型、定位和目标市场选择最合适的OTA平台。

2. 优化房源信息

（1）确保在OTA上完整填写和更新民宿信息。提供清晰、高质量的房源图片，展示民宿的特色、优势和准确的定价。

（2）房源描述要突出民宿的卖点，如地理位置、装修风格、设施设备等。

（3）确保房源信息的准确性和实时性，包括价格、房态、民宿政策、入住时间、额外费用等重要信息，避免后续纠纷。

3. 管理定价和房态

（1）根据市场需求、竞争状况以及民宿的实际情况，制定合理的定价策略。

（2）利用OTA平台的数据分析工具，分析民宿在OTA平台上浏览量、预订量、转化率，根据分析结果，制定和调整销售策略。

（3）适时推出优惠活动和套餐，吸引用户预订。

4. 提升客户评价

（1）鼓励客人在OTA平台上留下评价，积极回应客人的反馈和投诉。

（2）对于负面评价，要及时沟通并解决问题，争取客人的理解和支持。

（3）通过优质的服务和设施，提升客人的满意度和忠诚度。

5. 加强与OTA平台的合作

（1）与OTA平台保持良好的合作关系，积极参与平台的活动和推广计划。

（2）了解平台的最新政策和动态，以便及时调整销售策略。

（3）寻求与平台合作的机会，如参与平台的会员计划或成为平台的合作伙伴等。

6. 拓展自营渠道

（1）除了与OTA平台合作外，还可以利用社交媒体、微信公众号等自营渠道进行宣传和销售。

（2）打造民宿的品牌形象和文化氛围，吸引更多的潜在客户。

7. 维护和更新信息

（1）信息要时常更新，才能保持新鲜感，还要关注竞争对手的动态。

（2）民宿管家可以利用OTA平台进行销售和推广，提高民宿的知名度和预订量。同时，也需要注意不断学习和调整策略，以适应市场的变化和发展。

选择和注册OTA平台 ➡ 优化房源信息 ➡ 管理定价和房态 ➡ 客户服务与沟通 ➡ 收集和分析反馈 ➡ 维护和更新信息

图2-2-3　OTA平台销售流程

8. 常见的民宿OTA预订平台

国内外比较受欢迎的民宿OTA预订平台主要包括途家、木鸟和美团等。这些平台各自具有独特的特点，服务于不同的人群。以下是对这些平台的详细分析。

1）途家民宿

特点：途家民宿拥有广泛的房源覆盖，包括全球超过230万套房源。途家的房源以公寓为主，适合商旅用户和对住宿品质有一定要求的消费者。途家自并购携程房源后，非常倚重携程的流量分销。

符合人群：途家民宿适合那些寻求高品质住宿体验、对服务质量有较高要求的中高端用户群体，以及商务旅行者。

2）木鸟民宿

特点：木鸟民宿平台上的全球房源超过135万套，特色民宿和网红民宿较多，受90后和00后用户的青睐。木鸟民宿注重个性化和差异化的服务，对标准化的探索较早，服务质量有保障。

符合人群：木鸟民宿更适合年轻用户群体，尤其是追求独特住宿体验和个性化服务的90后、00后。

3）美团民宿

特点：美团民宿强调低价和性价比，同时发力网红民宿市场。美团作为一个综合性的生活服务平台，其民宿业务受益于平台的其他生活服务流量。美团民宿的房源量约为70万套。

符合人群：美团民宿适合追求性价比、同时希望享受便捷生活服务的年轻用户和家庭出游群体。

4）Airborne爱彼迎

特点：作为全球最大的民宿预订平台，Airborne在国内外都有众多的房源，尤其在杭州、大理等城市颇受欢迎。平台上的房东大多是分享自己的房子，适合交友、体验当地生活。

符合人群：Airborne适合喜欢体验当地文化、追求个性化住宿的国际旅客和年轻旅行者。

5）Expedite

特点：Expedite提供全面的旅游服务，包括民宿、酒店、机票和租车等。平台以其可靠性和全球性服务而闻名。

符合人群：Expedite适合那些寻求一站式旅游服务、重视品牌信誉的中高端旅客。

6）Booking.com

特点：Booking.com是全球较大的在线旅游预订平台之一，提供从经济型到豪华型的多种住宿选择。平台界面直观易用，支持多语言和货币。

符合人群：Booking.com适合各种预算和需求的旅客，尤其是那些需要在旅途中灵活变更计划的用户。

总结来说，每个民宿OTA预订平台都有其独特的优势和服务特色，满足了不同用户群体的需求。对于民宿业主来说，选择合适的平台进行合作，可以有效提升民宿的曝光率和预订率，进而提高整体收益。

任务实训

为民宿创建微信公众平台

一、任务分析

民宿文案创作是民宿管家的一项工作技能，主要用于提升民宿的知名度和影响力。通过文字图片、音视频、链接等形式展现。

二、任务准备

（1）理论认知准备。民宿的常用文案创作必须紧紧围绕客户需求进行设计和展开，因此在图文文案内容创作的过程中，常常要围绕AISAS模型来进行思考和创作。

AISAS模型（表2-2-3）是基于移动互联时代市场特征而提出的各种用户决策分析模型，通过该模型，可以了解用户的阅读行为和心理，进行有目的的创作，引导用户完成阅读，激发用户产生互动行为。

表2-2-3　AISAS模型在图文推广中的应用

AISAS模型	图文	预期效果
引起注意Attention	标题	吸引用户注意力，引导其点击阅读正文
引起兴趣Interest	开头	引入场景，有代入感，愿意继续阅读
进行搜索Search	正文	信任感、价值感、信息增量，主动获取品牌信息
用户行为Action	结尾	强互动、引导购买、转发、点赞、评论等用户行为
分享推广Share	推广	较好的传播力、口碑营销

（2）操作工具准备。操作工具准备流程见图2-2-4所示。

| 登录常用编辑器 | 按流程进行编辑 | 登录微信订阅号平台 | 复制至微信公众号平台 | 完善标题、封面等内容 | 发送 |

图2-2-4　操作工具准备流程

三、任务实施

民宿微信公众号宣传操作步骤如图2-2-5所示。

| 注册微信公众号 | 完善公众号信息 | 发布精美图文信息 | 策划活动 | 定期推送信息 | 建立友好链接 | 优化推广 |

图2-2-5　民宿微信公众号宣传操作步骤流程

第一步：注册微信公众号。首先需要在微信公众平台上注册属于自己民宿的微信公众号，这是开展微信宣传的前提。

第二步：完善公众号信息。注册成功之后，需要完善公众号的基本信息，如头像、名称、介绍、联系方式等，让用户能够更加了解民宿。

第三步：发布精美图文内容。在微信公众号上发布一些精美图文内容，如民宿的建筑、设施、环境等，让受众了解民宿的实际情况。

第四步：策划活动。策划一些有趣的活动，如抽奖、优惠等，吸引用户关注和参与，增强用户的互动性和参与感。

第五步：定期推送信息。定期推送民宿的相关信息，如周边景点介绍、美食推荐和一些宣传民宿的信息，使受众了解更多的民宿信息。

第六步：维护粉丝关系。积极与粉丝互动，回复他们的问题和留言，维护好和粉丝的关系，增强用户对民宿的信任感和忠诚度。

第七步：建立友好链接。在微信公众号中建立友好链接，将民宿的官网、社交媒体账号等与微信公众号互相关联，增加品牌的曝光率。

第八步：优化推广。不断优化公众号的推广，如通过微信广告、微信群等方式，扩大民宿的品牌知名度和影响力。

综合来看，民宿微信公众号宣传需要在维护好粉丝关系的同时，发布优质的内容和有效的活动策划，才能够提升品牌知名度和受众粘性。

能力拓展

以"中秋节"为例，在微信公众号发推文

学生分组，民宿拟在"中秋节"期间开展相应的营销活动，请根据民宿实际情况，开展关于"中秋节"的特色活动，撰写一篇微信推文。

请回答：

① 微信公众号的推文与阅读对象的亲和力分析。

② 分析微信公众号的推文如何与民宿的营销活动紧密结合？

任务评价

根据本项目任务的内容填写制作微信推文测评表，具体见表2-2-4所示。

表2-2-4　制作微信推文测评表

评价一级指标	评价二级指标	评价标准	赋分/分	自我评价/分	互相评价/分	教师评价/分
知识能力（20分）	专业能力	了解民宿新媒体宣传的渠道和方案撰写	3			
		能够使用常用的民宿文案的创作与传播	6			
		掌握良好的民宿常用文案的写作方法	5			
	自学能力	能够通过自己已有的知识、经验来独立地获取新知识和信息	2			
	创新能力	能够跳出固有的课内外知识，提出自己的见解	2			
		敢于标新立异	2			
技能能力（35分）	实操规范及职业岗位能力	能拟定吸引用户注意力的标题	7			
		开头具有五个特点	9			
		正文文案能吸引用户	7			
		结尾能强互动、引导购买、转发、点赞、评论等用户行为	6			
		有较好的传播力、口碑营销	6			
职业素养（45分）	组织能力	能组织同学一起讨论问题，分工清晰明确，能及时排解过程中出现的争论	5			
	团队协作能力	表达观点，为小组提供有用的信息、方法	5			
		有团队协作意识	5			
	自我调节能力	能够有效地整合各种学习资源	5			
		遇到问题时可以调整自己的心态	3			
	沟通能力	能跟同学建立良好关系，跟同学沟通顺畅	5			
		能够正确地组织语言，表达所学内容	5			
		在小组讨论中能够与他人交流自己的想法	4			
	责任心	不计较分工，认真完成分配好的角色和任务	4			
		课堂守纪，服从安排	4			
小计			100			
总分＝自我评价/分＊25%＋互相评价/分＊25%＋教师评价/分＊50%			100			
评价总结						
改进方法						

思考与练习

① 民宿新媒体宣传的渠道和方案撰写有哪些步骤？

② 如何吸引用户关注和参与民宿新媒体宣传？

③ 如何进行民宿新媒体宣传的优化推广？

任务二　民宿活动策划

任务描述

民宿活动策划是针对民宿特点制定和实施各种活动计划以提高民宿品牌知名度和吸引力的工作。工作内容包括确定活动主题、时间地点安排、活动内容设计、宣传推广、参与费用制定等。策划的内容包括活动准备、活动主题确定、时间地点安排、活动内容设计、活动方案制定、实施活动方案、活动评估与改进等。

学习目标

① 了解活动策划的基本概念。

② 了解民宿活动策划的目标。

③ 掌握活动策划的方法。

④ 能整理和收集客户群体基本信息。

⑤ 能根据目标市场和客户的特点、需求和购买习惯，制定合适的活动类型及实施方案。

情景对话

只有通过有趣、独特和令人难忘的活动，才能让客户留下深刻的印象，并且对你经营的民宿产生更高的认可度。

民宿管家：老板，我们应该开展一项活动，以吸引和满足我们新老客户。

经营者：是的，应该做一做这件事。你尽快拿出一个策划方案，我们一起商量一下。

情境讨论：

① 可以在民宿中开展哪些吸引客人的活动？

② 如何进行民宿活动策划？

知识准备

民宿活动策划是针对民宿的特点和目标，通过市场分析和客户需要等信息，制定并实施各种能充足提升民宿品牌知名度和吸引力的活动计划。民宿活动策划需要围绕特定的目标制定，如提升品牌知名度、增加顾客体验、优化服务等方面。活动类型包括文化、艺术、美食、户外等多种样式，可以选择单个或混合多种样式，以满足客户的需求和期盼，提高客户的惯性和满意度。

一、民宿活动策划的内容和要点

1. 民宿活动策划的内容

民宿活动策划涵盖活动主题确定、时间地点安排、活动内容设计、宣传推广、参与费用制定等多个要点。通过深入市场调研，确定独具特色的活动主题，紧密结合当地文化与景观资源，制定吸引人的活动亮点。合理安排活动时间地点，确保方便参与者的出行和住宿。在活动内容设计上，结合主题，设计丰富多彩的体验项目和互动环节，增强参与者的参与感和满足感。同时，通过精心的宣传推广，利用社交媒体、本地媒体等渠道，扩大活动影响力，吸引更多参与者报名。针对活动的实际成本和价值，制定合理的经费预算，保证活动的可持续性和参与者的满意度。综合考虑这些要点，能够打成功造出吸引人的民宿活动策划方案。

2. 民宿活动策划的要点

（1）活动主题确定。确定独特的活动主题，能够吸引目标受众的兴趣，与民宿的定位和特色相符。

（2）时间地点安排。确定活动举办的时间和地点，考虑参与者的情况和交通便利性，以及当地的气候和季节因素。

（3）活动内容设计。设计丰富多样的活动内容，包括体验活动、讲座、工作坊、游戏等，以满足不同参与者的需求和兴趣。

（4）活动流程规划。安排活动的先后顺序，确保整个活动过程紧凑有序，参与者能够充分体验和享受活动。

（5）人员配备。确定活动所需的工作人员，包括导游、讲师、志愿者等，保证活动顺利进行。

（6）预算规划。制定详细的活动预算，包括场地租赁、活动物资、人员费用等，确保活动能够在经济可承受的范围内进行。

（7）宣传推广。制定宣传计划，利用社交媒体、线上线下渠道扩大活动影响力，吸引更多参与者。

（8）报名与参与方式。设计方便的报名流程，明确参与者所需提交的信息和费用，提供多样化的报名途径。

（9）活动评估与改进。在活动结束后进行评估，收集参与者的反馈意见，总结经验教训，为未来活动改进提供参考。

（10）风险管理。针对可能出现的问题和风险，制定相应的预案和措施，保证活动顺利进行。

这些要点共同构成了一个完整的民宿活动策划，这些要点的实施，能够帮助确保活动的成功举办并吸引更多参与者。

二、民宿活动策划的步骤

民宿活动策划是一项复杂的工作，需要在各方面进行详细的规划和实施，以确保活动的成功。以下是民宿活动策划的基本步骤（图2-2-6）。

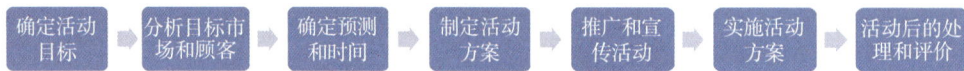

确定活动目标 → 分析目标市场和顾客 → 确定预测和时间 → 制定活动方案 → 推广和宣传活动 → 实施活动方案 → 活动后的处理和评价

图2-2-6　民宿活动策划的流程

第一步：确定活动目标。首先需要明确民宿活动策划的目标，如提高品牌知名度、增加客户满意度、吸引潜在客户等。在明确活动目标的基础上，制定相应的活动方案和策略。

第二步：分析目标市场和客户。了解目标市场和客户的特点、需求和购买习惯，根据市场需求和客户需求的分析，选择合适的活动类型和实施策略。同时，也需要了解竞争者在该市场的操作和竞争情况。

第三步：确定预测和时间。根据活动的模式和类型，确定相应的预测和时间，充分考虑各项费用和资源安排，以确保活动能够顺利实施。

第四步：制定活动方案。制定详细的活动方案，包括时间安排、活动形式、参与者、资源调配、活动流程等，以切实保证每一项活动的实施能够顺利进行。

第五步：推广和宣传活动。采取多种形式和渠道进行活动推广和宣传，如社交媒体、平面广告、邮递营销等。

第六步：实施活动方案。安排好活动资源和协调相关人员，确保每项活动顺利进行，同时也需要随时进行活动管理和控制，并及时处理问题，以确保活动的顺利完成。

第七步：活动后的处理和评价。对活动的整个过程进行评价和总结，包括活动效果、成本和客户反应等，并说明此种经验，改变活动策略和方案。

综上所述，民宿活动策划需要根据市场情况和客户需要制定具体的方案和实施策略，同时也需要充分考虑资源和预测的安排，以保证活动的顺利实施和成功完成。

任务实训

完成"分享特色美食"为主题的民宿活动策划方案

根据民宿活动策划的步骤，策划一场以"分享特色美食"为主题的民宿活动。

一、任务分析

请你为民宿策划一场以"分享特色美食"为主题的民宿活动，应当按照民宿活动策划的7个步骤进行。

二、任务准备

（1）整理和收集客户群体基本信息。

（2）根据所收集的信息确定本次活动的主题，选择适当的食材、书籍等材料。

（3）为活动创造适合厨艺表演和厨艺培训的环境。

三、任务实施

任务实施流程见图2-2-5所示，具体内容如下。

第一步：确定活动目标。例如吸引本地居民还是游客？是否特别针对食客和美食爱好者？地方特色美食、健康饮食、季节性食材或者国际美食之旅等。主题应与民宿的定位和客群需求相契合。

第二步：分析目标市场和客户。针对民宿中可能存在不同的文化需要，同时着重挖掘本次活动的独特性，吸引更多客人的参与，确定活动的主题。

第三步：确定预算和时间。根据活动计划和项目数量，预算为8000元。预算主要包括活动策划、场地出租、物料制作、餐饮食材以及礼品赠送等各项费用。

第四步：制定活动方案。本次活动主要分为以下几个方面，具体见表2-2-5所列。

表2-2-5　制作活动方案的内容和具体流程

序号	内容	具体流程
1	厨艺表演和示范	提供多种当地特色美食，让客人可以品尝到民宿附近的各种美味
2	烹饪工作坊	组织小型的烹饪班或者烘焙课程，教授客人如何制作当地特色菜肴或甜点

第五步：推广和宣传活动。通过社交媒体、邮品营销以及当地宣传平台发布，宣传本次活动，吸引更多顾客的参与。

第六步：实施活动方案。顾客到达民宿后，民宿工作人员将详细介绍活动的安排和流程，然后为顾客引入本次活动的场地，整个活动运动过程将由专业的领导者进行引导和统筹。

第七步：活动后处理和评价。对本次活动的总体效果进行评价和总结，根据客户的反映和民宿的实际情况总结经验，改变活动策略和方案，并为下次活动提供更好的保障。

能力拓展

民宿传统刺绣手工艺活动策划方案

一、活动名称

传统刺绣艺术体验

二、活动目标

让参与者亲身体验和学习传统刺绣艺术，了解其文化背景和技艺，同时促进当地非遗文化的传承。

三、活动开展

1. 活动准备阶段

（1）选择合适的非遗项目：选择当地著名的刺绣艺术作为活动内容，例如特色绣品或传统刺绣工艺。

（2）介绍和文化背景：由当地刺绣艺术师傅或文化导师介绍刺绣艺术的历史、文化背景和传统技艺。

（3）基础技术教学：教授参与者基本的刺绣技术，如针法、线索的选择和绣花的基本技巧。

（4）准备资源：准备所需的刺绣工具和材料，如刺绣针、不同类型的绣线、刺绣布料等。设计和布置好活动的场地，确保参与者能够舒适地进行刺绣活动。

2. 活动执行阶段

（1）欢迎和介绍：在活动开始时，通过简短的欢迎词和介绍向参与者介绍活动的背景、规则和流程。

（2）技术指导和实际操作。

教学环节：刺绣艺术师傅示范基本的刺绣技巧，解释如何选择设计、调整线索和控制针法。

参与者实际操作：参与者根据师傅的指导，选择自己喜欢的图案或设计，亲自动手进行刺绣作品的制作。

（3）互动体验和问答：在刺绣过程中，鼓励参与者与刺绣师傅互动，了解更多关于刺绣技艺的细节和文化背景。

3. 活动收尾阶段

（1）总结和回顾：结束刺绣制作后，组织一个简短的总结和回顾环节，分享参与者的体验和感受，展示他们的刺绣作品。

（2）作品展示和保留安排：收集参与者制作的刺绣作品，展示在特定区域或让参与者带回作品作为旅行的纪念。

4. 宣传和反馈

（1）宣传推广：通过民宿平台、社交媒体和当地旅游渠道分享活动的照片、视频和参与者的反馈，提高活动的曝光率和吸引力。

（2）收集反馈和改进：设计反馈问卷或邀请参与者在线评价，收集他们的意见和改进建议，以便优化和改进未来的活动策划。

请回答：

① 方案设计的可行性分析。

② 可以从哪几个方面对方案进行调整完善。

任务评价

根据本项目任务的内容填写民宿活动策划评测表，具体内容见表2-2-6所列。

表2-2-6　民宿活动策划评测表

评价一级指标	评价二级指标	评价标准	赋分/分	自我评价/分	互相评价/分	教师评价/分
知识能力（20分）	专业能力	了解活动策划的基本概念	3			
		掌握活动策划的方法	6			
		能整理和收集客户群体基本信息	5			
	自学能力	能够通过自己已有的知识、经验来独立地获取新知识和信息	2			
	创新能力	能够跳出固有的课内外知识，提出自己的见解	2			
		敢于标新立异	2			
技能能力（35分）	实操规范	能了解目标市场和客户的特点、需求和购买习惯	5			
		能制定合适客户的活动类型及实施方案	5			
	职业岗位能力	能明确活动目标	2			
		能分析目标市场和客户	2			
		能做好相关预测	5			
		能完整制定活动方案	16			
职业素养（45分）	组织能力	能组织同学一起讨论问题，分工清晰明确，能及时排解过程中出现的争论	5			
	团队协作能力	表达观点，为小组提供有用的信息、方法	5			
		有团队协作意识	5			
	自我调节能力	能够有效地整合各种学习资源	5			
		遇到问题时可以调整自己的心态	3			
	沟通能力	能跟同学建立良好关系，跟同学沟通顺畅	5			
		能够正确地组织语言，表达所学内容	5			
		在小组讨论中能够与他人交流自己的想法	4			
	责任心	不计较分工，认真完成分配好的角色和任务	4			
		课堂守纪，服从安排	4			
小计			100			
总分＝自我评价/分＊25%＋互相评价/分＊25%＋教师评价/分＊50%			100			
评价总结						
改进方法						

思考与练习

①民宿活动策划的内容有哪些要点？

②民宿活动策划的步骤有哪些？

③民宿活动策划中需要考虑的因素有哪些？

模块三 民宿安全与危机管理

　　民宿安全是指客人在民宿范围内人身、财产及正当权益不受侵害。民宿也存在可能导致侵害的因素。客人在住店期间对民宿的安全期望很大，对于在旅途之中或身处异国他乡的宾客来说，作为家外之"家"的民宿必须是一个安全的住所。因此，民宿管家有义务和责任为宾客提供安全与保护。安全是民宿各项服务活动的基础，只有在安全的环境中各种服务活动才能得以开展。但是，民宿也难免会发生人为或非人为的不可避免的意外事故。因此，民宿管家要充分认识安全的重要性，加强对服务人员安全意识的培养，增强其紧急应变能力，保障客人的权益。

　　民宿经营过程中，会因为主观和客观的因素产生职业安全的事故和客人投诉。民宿管家有责任和义务对相关的事故和投诉，进行危机管理。危机管理是一种策略性的方法，旨在识别、评估、减轻和应对可能对组织、企业、社会或个人造成严重威胁的事件或情况。危机管理需要跨部门合作、高效的决策制定和快速的行动能力。它对于保护民宿经营者的利益、减少损失、维护声誉以及确保客人安全都至关重要。

项目 3-1　安全管理

安全管理在民宿经营中起到安全的保障支撑作用。安全管理是指对各种风险和威胁进行评估、预防和控制的一系列活动和措施，以确保人员、财产和环境的安全。它涵盖了许多不同领域和层面，包括个人、组织、社会和国家。安全管理的目标是减少事故、灾难和损害的发生，保护人们的生命、财产和权益。在民宿的安全管理中最主要是饮食卫生管理和消防安全问题。在饮食卫生管理方面，民宿需要重视食品安全的管理和监控，包括严格控制食品质量和储存、处理、烹饪的标准操作，培训员工的食品安全意识和卫生标准。在消防安全方面，民宿需要建立科学的消防安全管理制度，安装火灾警报器，配备灭火器和灭火器桶，并定期进行安全检查和演练。

任务一　食品安全管理

任务描述

对于民宿来说，食品安全同样是一个重要的问题。由于民宿的规模较小，食品安全管理更需要重视。民宿可以通过多种方式来提高食品安全意识和技能，例如开展食品安全培训、制定食品安全管理制度、建立食品安全监测机制等。只有通过不断地提高食品安全管理水平，才能有效地避免食品安全问题的发生，确保客人的健康和满意度。

总之，民宿运营和服务方面的饮食安全问题需要引起重视。只有通过加强食品安全管理和监控，提高员工的食品安全意识和技能，才能确保客人的健康和满意度，提高民宿的声誉和信任度。

学习目标

① 掌握民宿食品安全的概念和重要性。
② 掌握食品污染和安全风险的识别方法。
③ 能进行民宿食品安全的常规管理。
④ 能进行食品安全事件的应急预案，并按照处理流程进行事故处理。

情景对话

民以食为天，这是中国人最基本的认识。腐烂食物快丢弃，节俭切莫不惜命。

客户1：快五一了，咱们也去找个漂亮民宿休闲几天呗。

客户2：我再也不想住民宿了。你不知道，那次我们在民宿就餐时前往后厨讨要调料时，看到了后厨比较脏，原材料不新鲜。

情境讨论：

① 客户是什么原因对民宿生产了抗拒的情绪？

② 食品安全对民宿经营有什么影响？

知识准备

为了保证民宿客人的健康和安全，民宿经营者不仅要提供舒适的住宿环境，还应该具备一定的食品安全知识储备。民宿食品安全不仅关乎客人的身体健康，也直接影响到民宿的声誉和经营效益。以下是一些相关的建议和注意事项：

一、民宿食品的卫生法律法规要求

《中华人民共和国食品安全法》以及《中华人民共和国食品安全法实施条例》《餐饮服务食品安全操作规范》是中国食品安全领域的核心法律法规（图3-1-1），其中包含了关于餐饮食品的生产、销售、加工等环节的法规要求。以下是其中一些与餐饮食品相关的法规要求的摘要：

（1）食品生产经营许可。餐饮企业需要获得相关食品生产经营许可，包括餐饮服务许可和餐饮食品生产经营许可，根据规定进行申请、审批和登记。

（2）食品安全责任。餐饮企业应当确保所提供的食品安全、卫生，负有食品安全责任，保障消费者的健康权益。

（3）食品原料和添加剂使用。餐饮企业在使用食品原料和添加剂时，应当符合国家规定的食品安全标准，不得使用超过规定限量的有毒有害物质。

图3-1-1　中国食品安全领域的核心法律法规

（4）餐饮食品贮存。餐饮企业应当对食品进行妥善贮存，确保食品不受污染、变质，并保持适当的温度和湿度条件。

（5）食品加工和制作。餐饮企业在食品加工和制作过程中，应当采取卫生措施，避免交叉污染，确保食品的安全。

（6）餐饮食品标签。餐饮食品应当标注明确的食品名称、成分、生产日期、保质期等信息，确保消费者了解食品的基本信息。

（7）食品供应安全。餐饮企业应当确保提供的食品符合卫生、安全标准，不得提供有毒有害食品或者变质食品。

（8）食品安全培训。餐饮企业应当对员工进行食品安全培训，提高员工的食品安全意识和操作技能。

（9）食品安全风险监测和评估。餐饮企业应当加强对食品安全风险的监测和评估，确保食品安全风险的控制和管理。

（10）食品召回。如果发现餐饮食品存在安全隐患，应当立即采取召回措施，防止不安全食品进入市场。

这些要求只是《中华人民共和国食品安全法》中关于餐饮食品的一部分内容，详细的法规条文会更加具体和详细。民宿管家需要详细阅读相关法规，确保民宿经营活动符合法律要求。

二、民宿食品卫生管理工作内容

1. 保持食品卫生

在采购、储存、加工（图3-1-2）和使用食品的过程中，应当注重卫生，防止食品受到污染。使用食品时，应当保证其新鲜、质量良好。在储存和处理食品时，要避免和其他物品混放，尽可能地减少交叉污染的可能性。此外，所有的食品应该都要经过彻底的清洗，包括蔬菜、水果、肉类等等。

（1）冲洗案板　　　　　　　　　（2）切菜时保持案板整洁

图3-1-2　加工过程保持食品卫生

2. 做好食品标识

在食品上标明生产日期、保质期、生产商等信息，避免过期食品使用和混淆。民宿经营者应该对所有进货的食品进行检查，确保其质量和安全性，一旦发现异常的食品，应该及时予以处理。

3. 安排食品供应

合理安排食品供应，避免食品浪费和过度供应。民宿经营者需要根据客人的需求和人数来合理安排食品供应，避免食品浪费和过度供应的情况发生。此外，要根据不同的季节和气温来选择合适的食品，避免出现食品变质的情况。

4. 加强培训和宣传

为民宿经营者和员工提供食品安全方面的培训和宣传，提高他们的食品安全意识和技能。民宿经营者应该定期组织培训，让员工了解食品安全的相关知识和技能，提高他们的食品安全意识和能力。此外，民宿经营者还可以通过宣传海报、宣传册等方式，向客人宣传食品安全的相关知识，提高客人的食品安全意识。

5. 进行定期检查

民宿经营者应该定期对食品进行检查，确保其质量和安全。同时，还要对食品加工和存储的设备进行定期的清洗和消毒，避免细菌的滋生和传播。在检查中，应该重点关注食品的卫生状况、保质期和储存情况等方面。

6. 建立食品安全管理制度

民宿经营者应该建立科学的食品安全管理制度，明确相关的管理职责和工作流程，严格执行食品安全管理制度，确保食品的安全和质量。民宿食品安全是保障客人健康和安全的重要措施之一，民宿经营者应该高度重视，并采取有效措施来保证食品的安全和质量。只有这样，才能赢得客人的信任和支持，并获得长期的经营发展。

三、民宿食品管理工作要点

民宿食品管理工作的流程和要点涉及确保食品安全、卫生和质量，以提供给客人安全可口的食物。以下是一个基本的民宿食品管理工作的要点，见表3-1-1所列。

表3-1-1　民宿食品管理工作的要点

序号	工作内容	工作要求
1	食材采购与储存	（1）选择可靠的供应商，确保食材的新鲜度和质量 （2）定期检查食材的保质期和状况，避免使用过期或变质的食材 （3）合理安排食材储存，避免交叉污染和食材变质 （4）储存食材时，使用适当的温度和湿度条件，防止细菌滋生
2	食品制备与加工	（1）保持厨房卫生，定期进行清洁和消毒 （2）厨房工作人员必须佩戴干净的厨师服和头巾，保持个人卫生 （3）食品加工过程中，注意食材交叉污染的可能性，避免生熟食物混合接触 （4）确保食品充分煮熟，避免食源性疾病的传播
3	餐具与设备卫生	（1）确保餐具、刀具和烹饪设备的清洁和消毒 （2）使用洗碗机或者适当的清洗剂进行餐具和设备清洁 （3）厨房员工应定期清洁工作区域，保持整洁
4	食品储存与供应	（1）储存熟食和生食的容器要分开存放，防止交叉污染 （2）食物应储存在适当的温度下，冷藏食材要保持在安全的温度范围内 （3）在供应食物之前，检查食物的外观、气味和口感，确保没有异

（续表）

序号	工作内容	工作要求
5	食品安全培训	(1) 对厨房员工进行食品安全和卫生培训，确保他们了解正确的食品处理方法和卫生标准 (2) 强调员工的个人卫生、食材处理、储存和食品加工的重要性
6	食品安全检查与记录	(1) 定期进行食品安全检查，确保各项规定得以执行 (2) 记录食材采购、使用、储存和食品处理过程，以便追溯 (3) 针对食品安全问题，及时采取纠正措施
7	废弃物处理	(1) 确保食材和食品垃圾的正确分类和处理，避免污染环境 (2) 建立合适的垃圾处理流程，保证垃圾定期清理和处理
8	客户沟通与反馈	(1) 向客人提供食物的信息，包括成分、过敏源等，以满足客人的需求 (2) 收集客户的反馈，以改进食品质量和服务

　　以上要点可以帮助民宿确保食品的安全和质量，为客人提供美味健康的餐食体验。但请注意，具体情况可能会因地区法规、民宿规模和食材供应等因素而有所不同，建议根据实际情况进行调整。

四、食品污染和安全风险防范

　　掌握食品污染和安全风险的识别方法对于保障食品安全至关重要。以下是一些常见的识别方法和注意事项，见表3-1-2所列。

表3-1-2　食品污染和安全风险防范要求

序号	工作环节	防范要求
1	观察食品外观	注意食品的颜色、气味、外观和质地，如果出现异常，可能表示食品受到污染或变质
2	食材的选择和采购	(1) 选择可靠的供应商，确保食材的新鲜度和质量 (2) 检查食材的外观和气味，避免采购有问题的食材
3	食品储存和温度控制	(1) 食品应储存在适当的温度下，冷藏食材要保持在安全的温度范围内 (2) 确保生食和熟食、生肉和熟肉分开储存，避免交叉污染
4	加工和烹饪过程	(1) 确保食品充分煮熟，避免食源性疾病的传播 (2) 注意食品加工过程中的卫生和交叉污染风险
5	个人卫生和操作规范	(1) 厨房工作人员应穿戴干净的厨师服、手套和头巾，保持个人卫生 (2) 勤洗手，特别是在接触生食、生肉后

　　通过采取上述方法，您可以更好地识别食品污染和安全风险，保障食品的安全性和质量（图3-1-3）。如有需要，您也可以寻求食品安全专家的意见和指导。

（1）食材新鲜卫生

（2）环境整洁干净

图3-1-3　食材新鲜卫生、环境整洁干净

任务实训

食品安全问题处理

近日，市民林女士一家六人，到翔安一农家乐吃饭，点了一份"蒜苗炒土鸡蛋"。一吃觉得有点苦！却不以为然，整盘快吃完时，就有人开始呕吐，才发觉不对劲。于是叫来厨师，厨师一尝发现不对味，马上去厨房垃圾桶内，找出"蒜苗"的"蒜头"，原来是水仙花头！

（来源：2022-03-14海峡导报）

一、任务分析

翔安一农家乐的食品安全问题不仅仅是一个个案，而是饮食安全问题的一个缩影。食品安全是民宿运营和服务方面的一个重要问题，涉及客人的健康和满意度，也是民宿声誉和信任度的体现。许多民宿为了吸引客人，会提供各种美食。然而，如果饮食存在问题，不仅会影响客人的体验，还可能引发安全问题。例如，食品保存不当、使用不新鲜的食材、食品加工不当等都会导致食品安全问题的发生。如果客人在使用餐后出现食物中毒症状，不仅会对客人造成危害，还会对其他客人造成恐慌和不安，对民宿的声誉造成影响。

二、任务准备

① 了解和分析处理食品安全的突发情况的原因及原材料供应源头。
② 厘清具体处理食品安全的流程。
③ 掌握宾客真实诉求。

三、任务实施

依据具体的步骤和处理方法，处理好这次食品安全突发情况，具体处理工作流程如图3-1-4所示。

图3-1-4 处理饮食安全问题的工作流程

第一步：表达歉意。马上跟林女士一行6人道歉。

第二步：停止提供该食品。马上停止点蒜苗客人的餐食，确保其他食品的安全。

第三步：报告上级、卫生部门。员工立即报告管理人员。

第四步：对客服务、治疗。陪同林女士他们到医院；同时，检查当日已取出的水仙花，并将其全部弃置，以杜绝危险。

第五步：公关。进行民宿形象公关。

第六步：整改。内部进行反思检查，检查内容主要包括以下3点。

① 民宿需要重视食品安全的管理和监控。首先，要对食品的质量进行严格的控制，确保使用的食材新鲜、无污染。

② 在食品的储存、处理和烹饪过程中，要严格按照标准操作规程进行，确保食品的卫生安全性。

③ 民宿也需要提高员工的食品安全意识和技能，让员工能够严格遵守操作规程，确保食品安全。

第七步：反馈。跟踪反馈事故处理进展。

能力拓展

食品安全管理细则

民宿经营中食品安全关乎其口碑和生死，民宿管家必须掌握食品安全管理的细则。

（1）食品原材料应保证安全、新鲜，采购食品原料遵守进货验收制度和索证索票制度，采用自家种植蔬菜为佳。

（2）加工、存放食品应当做到生熟分开，肉类煮熟煮透。

（3）农药、鼠药等有毒、有害物品应当远离厨房、妥善保管。

（4）不采购、使用腐败变质、过期食品或霉变、生虫的食品，不采购、使用病死毒死或死因不明的禽畜类、水产动物等及其制品，以及食品和安全法规规定禁止生产经营的食品。

（5）不采摘有毒山野菜、蘑菇等食物，不得加工顾客采自山间的野菜等植物。

（6）腌制食品必须做到在使用前进行温水清洗。

（7）饮用水水质应符合饮用水水质标准。

请回答：

① 如何才能保证全体员工具有食品安全的意识。

② 管理制度对民宿食品安全的重要性。

任务评价

根据本项目任务填写民宿食品安全测评表，具体见表3-1-3所列。

表3-1-3 民宿食品安全测评表

评价一级指标	评价二级指标	评价标准	赋分/分	自我评价/分	互相评价/分	教师评价/分
知识能力（20分）	专业知识	掌握民宿食品安全的内容和特点	4			
		掌握操作场所及准备处理突发事件的安全条件	2			
		掌握处理食品安全事故的方法	4			
	自学能力	能够通过自己已有的知识、经验来独立地获取新知识和信息	5			
	创新能力	能够跳出固有的课内外知识，提出自己的见解	3			
		敢于标新立异	2			
技能能力（35分）	实操规范	能完成处理食品安全事故，按步骤进行，过程符合规范	10			
		操作熟练，处理食品安全事故各环节衔接流畅	10			
	职业岗位能力	能针对不同的客人的特点和特殊需求主动、积极、灵活地提供食品安全事故处理	15			
	职业岗位能力	关注客人性格、饮食习惯和需求	5			
		能正确使用服务所需的设施设备	5			
职业素养（45分）	组织能力	能组织同学一起讨论问题，分工清晰明确，能及时排解过程中出现的争论	4			
	团队协作能力	表达观点，为小组提供有用的信息、方法	3			
		有团队协作意识	3			
	自我调节能力	能够有效地整合各种学习资源	3			
		遇到问题时可以调整自己的心态	3			
	沟通能力	能跟同学建立良好关系，跟同学沟通顺畅	3			
		能够正确地组织语言，表达所学内容	3			
		在小组讨论中能够与他人交流自己的想法	3			
	形象礼仪	能够按照职业要求规范职业仪容仪表	3			
		体现礼仪礼貌	3			
	服务意识	能够热情、主动、预见性地提供服务	4			
		把客人当作朋友和家长	3			
	责任心	不计较分工，认真完成分配好的角色和任务	3			
		课堂守纪，服从安排	4			
小计			100			
总分＝自我评价/分＊25%＋互相评价/分＊25%＋教师评价/分＊50%			100			
评价总结						
改进方法						

思考与练习

①民宿应该如何提高员工的食品安全意识和技能？应该建立什么样的培训机制？

②民宿经营者如何确保食材的质量和安全性？该如何处理食品的储存、处理和烹饪过程？

③民宿应该如何建立科学的食品安全管理制度和监测机制？如何执行和改进这些制度？

任务● 民宿消防安全管理

任务描述

　　民宿的安全问题也是大部分民宿主所担心的问题，因为一个民宿在没有确保安全问题之前是不能对外开放的。而在民宿安全问题中，消防安全更是必须重视的。从对民宿的管理上来看，管理环境相对比较宽松，甚至有大部分民宿未出现在有关部门的监管范围之内，缺乏对民宿的整治力度。一些部门也没有加强对民宿的火灾隐患督促整改，尤其是一些无证经营的民宿，也没有采取强制措施进行关闭经营或者整改。

　　在一些民宿集中区，通常会有相应的消防站，或者会有基础的市政消火栓设备。但是大部分民宿集中区还是以农村地区为主，交通不便，道路条件较差，因此这些民宿建筑的防火基础条件存在先天不足的现象。作为民宿管家要充分了解《消防法》，了解民宿的消防安全设施配置与职责，进行民宿火灾防范。

学习目标

①了解民宿消防设施配置和消防安全的职责。

②掌握民宿消防的工作内容及要求。

③能进行民宿消防安全的检查，具备防范火灾事故发生的能力。

④能操作民用灭火器进行灭火。

情景对话

　　火灾无情，人有情，安全防范不马虎！"落实消防责任，防范安全风险"。

　　民宿管家：马上"五一"黄金周了。消防安全很重要，你会使用灭火器吗？

　　员工：那是当然了，我上岗前受过专门的消防培训，我非常熟悉咱们的消防逃生通道。

　　情境讨论：

①你认为民宿员工接受消防培训对确保消防安全有何重要性？

②你认为民宿应该采取哪些措施以加强消防安全意识和应急预案？

知识准备

本项目仅将"消防安全部分"放入到安全管理，职业安全部分放在"危机管理"部分进行讲解。

一、消防安全设施配置与职责

消防安全是每一个建筑都必备的安全条件，马虎不得。生活中很多不经意的小疏忽有可能导致火灾的发生，严重的威胁人身安全和财产安全。

1. 安全消防设施配置

民宿也需要在每个房间及通道上设立灭火器、消防面具，保证在发生危险情况的时候客人能够及时地取用，还要保证客人有安全通道能够逃离危险。除此之外还需要定期检查，保证这些消防设备在发生危急情况的时候都能够正常使用（图3-1-5、图3-1-6）。

图3-1-5　发现火灾迅速拨打119　　　　图3-1-6　安全消防设施

2. 消防安全职责

民宿、客栈的业主或负责人或是相关安全负责人，要记得履行下列消防安全职责。
① 建立健全防火责任制和消防安全制度。
② 配齐并维护保养消防设施、器材。
③ 组织开展防火检查，整改火灾隐患。
④ 每年对从业人员进行消防安全教育培训。
⑤ 制定灭火和疏散预案，每半年至少组织一次消防演练。
⑥ 及时报火警，组织引导人员疏散，组织扑救初期火灾。

二、民宿火灾防范工作内容和具体要求

1. 安全教育

民宿应该定期对员工和客人进行安全教育，特别是对火灾的预防和处置进行重点培训。员工和客人应该了解如何正确使用家电和热源设备，并知道如何在发生火灾时正确逃生。此外，应该制定和公布民宿安全管理规定，让员工和客人了解自己的权利和义务。

2. 安全设备

民宿应该配备必要的安全设备，如火灾报警器、灭火器、防火门等，以及保持这些设备的良好状态，定期检查和更新。在安装这些设备时，应该遵循相关的规定和标准，确保设备的安全性和可靠性。此外，应该在民宿内明确标识灭火器和逃生路线，以便在发生紧急情况时快速反应。

3. 安全检查

民宿应该定期进行安全检查，包括电气设备、火源设备、燃气设备等安全性检查，以及紧急疏散预案的演练等。检查结果应该及时记录和反馈，对存在的问题应该及时整改。

4. 安全管理

民宿应该建立健全的安全管理机制，包括制定安全规章制度、安全管理责任制、事故报告和处置制度等。应该明确各级管理人员的职责和义务，对安全问题的及时发现、处理和汇报应该有具体的流程和要求。

5. 安全投入

民宿应该加大安全投入，保证安全预算的充足。特别是对于一些老旧的民宿，应该加强改造和维护，确保设施和设备的安全性和可靠性。

这些措施可以帮助民宿更好地保障客人和员工的安全，避免类似的火灾事故发生。民宿能够认真落实这些措施，为客人提供安全、舒适的住宿环境。同时，政府加大对民宿安全管理的监管和支持力度，对违反安全规定的民宿进行严格处罚，保障公众的生命财产安全。民宿火灾防范至关重要，确保客人和员工的安全。以下是一些民宿火灾防范工作内容和具体要求，见表3-1-4所列。

表3-1-4 民宿火灾防范工作内容和具体要求

序号	工作任务	工作要求
1	安装火灾警报器和灭火设备	(1) 在民宿的关键区域（卧室、走廊、厨房等）安装火灾警报器，确保及早发现火灾 (2) 配备适量的灭火器和灭火器桶，定期检查它们的工作状态
2	规范用火和用电	(1) 使用符合安全标准的电器和插座，避免电线过度拉伸和重叠 (2) 禁止在危险区域使用明火，如厨房和卧室
3	定期检查电线和电器	(1) 定期检查电线和插座是否破损，避免电线老化和短路 (2) 不使用老化的电器和电线，及时更换损坏的设备
4	厨房安全管理	(1) 厨房应有足够的通风设施，避免烹饪过程中产生的烟雾积聚 (2) 确保厨房用具和电器的安全，避免炉具和烤箱的短路等问题
5	烟雾检测器和灭火系统	考虑安装自动烟雾检测器和自动喷水灭火系统，提供更高的火灾防范能力
6	客人安全教育	向客人提供火灾逃生路线和安全指南，让他们了解民宿内的安全设施和应急措施

（续表）

序号	工作任务	工作要求
7	储存和使用易燃物品	储存易燃物品（如清洁剂、燃气罐等）应存放在通风良好的地方，远离明火和高温区域
8	定期演练逃生计划	定期组织火灾逃生演练，让员工和客人熟悉逃生路线和应急程序
9	检查消防通道和安全出口	（1）确保消防通道畅通无阻，不得堆放杂物或封堵通道 （2）标识和保持清晰的安全出口指示，确保在火灾发生时能够迅速撤离
10	定期维护和检查	定期对火灾警报器、灭火器等设备进行维护和检查，确保其正常工作

通过采取以上预防措施，可以显著降低民宿发生火灾的风险，保护客人和员工的安全。同时，定期进行培训和演练，确保所有人在火灾发生时能够冷静应对。如有需要，还可以咨询当地消防部门，获取更具体的防火建议。

三、民宿管家"一懂三会"

民宿、客栈的从业人员应熟悉岗位消防职责和要求，做到"一懂三会"。

（1）一懂。懂本场所火灾危害性。

（2）三会。会报火警、会使用灭火器、会组织疏散逃生。

与此同时，消防安全除了需要民宿、客栈业主的硬件完善，加强管理之外，也同样需要民宿、客栈的住客提高安全意识，具备一定火灾常识。

任务实训

民用消防设施灭火器的操作

一、任务分析

民用灭火器是用于扑灭火灾的重要工具。民用灭火器的使用能够在火灾初期控制火源，保护人员和财产的安全，提高火灾防范意识，并增加火灾应急响应能力。因此，了解如何正确使用灭火器是保障民宿安全和财产安全的重要一环。

二、任务准备

① 熟悉该民宿安全逃生地图。

② 准备消防器材和火源设施。

③ 阅读和掌握灭火器的使用说明。

三、任务实施

民用灭火器是重要的火灾扑救工具，了解其正确的操作步骤能够在火灾发生时起到关键作用。民用灭火器常见的操作步骤见图3-1-7所示，它的使用方法见图3-1-8所示。

图3-1-7 民用灭火器的操作步骤

图3-1-8 灭火器的使用方法

第一步：检查灭火器。在使用之前，检查灭火器的外观是否有损坏，压力表指针是否在正常范围内（通常在绿色区域）。

第二步：确保自身安全。在扑救火灾前，确保自己的安全，避免靠近火源，站在风向上。

第三步：拉出销子。握住灭火器的把手，将销子从灭火器的把手上拔出，使灭火器准备好使用。

第四步：瞄准火源。拉开阀门，瞄准火源，保持灭火器与火源之间的适当距离，通常是2至4米。

第五步：按下扳机。按下灭火器的扳机，释放灭火剂。注意不要一下子全部按下，应该采用短暂的喷射，以避免灭火剂用完过快。

第六步：扫射扑救。用左右摇动的方式，将灭火剂均匀地扫射在火源上，确保火源被彻底覆盖。

第七步：观察火源。确保火势得到控制。如果火势无法控制，立即撤离，寻求专业帮助。

第八步：检查压力表。扑救结束后，检查压力表指针是否在正常范围内，若不在正常范围内，可能需要更换或充气。

第九步：复位灭火器。将销子重新插入灭火器的把手，将灭火器复位，以备下次使用。

特别提示：这只是基本的操作步骤，不同类型的灭火器会有略微不同的操作要求。在使用之前，最好阅读灭火器上的使用说明，了解具体的操作步骤和注意事项。同时，在火灾发生时，如果您无法迅速扑灭火源，应该立即撤离并寻求专业的消防帮助。

能力拓展

火灾的产生及处理

2020年5月4日凌晨，贺州市富川县朝东镇岔山村古韵民宿2号楼，发生火灾造成2人死亡。此次火灾过火面积约60平方米，直接财产损失约30万元。起火原因为屋内墙上插头处电气故障，引燃木质墙体及墙体内的保温泡沫板等可燃物。

2017年7月21日凌晨，四川郫钟鼎寺景区某木质构造为主的民宿发生火灾，火势十分凶猛，附近树木都被引燃，入住该农家乐的游客全部安全疏散撤离，一名男性电工不幸遇难。

请回答：

① 两起火灾的产生原因及预防措施有哪些？

② 消防通道的设计和防火器材的使用，对民宿消防管理的必要性分析。

任务评价

根据本项目任务内容填写民宿消防安全设计测评表，具体见表3-1-5所列。

表3-1-5　民宿消防安全设计测评

评价一级指标	评价二级指标	评价标准	赋分/分	自我评价/分	互相评价/分	教师评价/分
知识能力（20分）	专业知识	掌握民宿消防安全知识	4			
		掌握消防安全处理方法	2			
		能根据民宿情况，预防防范消防安全事故的发生	4			
	自学能力	能够通过自己已有的知识、经验来独立地获取新知识和信息	5			
	创新能力	能够跳出固有的课内外知识，提出自己的见解	3			
		敢于标新立异	2			
技能能力（35分）	实操规范	能根据实训任务步骤完成事故的处理	10			
		熟练操作灭火设备	5			
	职业岗位能力	能针对不同的客人的特点及事件本身处理事情	10			
		关注民宿的消防隐患	5			
		能正确使用服务所需的设施设备	5			
职业素养（45分）	组织能力	能组织同学一起讨论问题，分工清晰明确，能及时排解过程中出现的争论	4			
	团队协作能力	表达观点，为小组提供有用的信息、方法	3			
		有团队协作意识	3			
	自我调节能力	能够有效地整合各种学习资源	3			
		遇到问题时可以调整自己的心态	3			

（续表）

评价一级指标	评价二级指标	评价标准	赋分/分	自我评价/分	互相评价/分	教师评价/分
职业素养（45分）	沟通能力	能跟同学建立良好关系，跟同学沟通顺畅	3			
		能够正确地组织语言，表达所学内容	3			
		在小组讨论中能够与他人交流自己的想法	3			
	形象礼仪	能够按照职业要求规范职业仪容仪表	3			
		体现礼仪礼貌	3			
	服务意识	能够热情、主动、预见性地提供服务	4			
		把客人当作朋友和家长	3			
		不计较分工，认真完成分配好的角色和任务	3			
		课堂守纪，服从安排	4			
小计			100			
总分＝自我评价/分＊25%＋互相评价/分＊25%＋教师评价/分＊50%			100			
评价总结						
改进方法						

思考与练习

① 民宿消防安全事故的预防措施有哪些?

② 民宿消防安全的管理和监管如何进行?

③ 民宿和客人应该如何提高消防安全意识?

微课　民宿安全预防

项目3-2   危机管理

危机管理是一种战略性的方法，旨在识别、评估、减轻和应对可能对组织、企业、社会或个人造成严重威胁的事件或情况。这些威胁包括自然灾害、恶意行为、突发事件、公共卫生危机等。危机管理需要跨部门合作、高效的决策制定和快速的行动能力。它对于保护组织的利益、减少损失、维护声誉以及确保公众安全至关重要。不同类型的组织和行业会根据其特定需求和情况，制定不同的危机管理策略和计划。民宿运营中的职业安全、客户投诉处理和突发特殊情况处理是危机管理的重要内容。民宿管家必须具备相关问题的处理策略和能力。

任务一   职业安全保护

任务描述

民宿员工安全教育培训是企业管理中非常重要的一环，它可以帮助员工了解和掌握安全知识，提高安全意识和自我保护能力，减少事故发生的概率，保障员工的生命财产安全。

学习目标

① 掌握民宿职业安全知识和安全要素。

② 掌握在民宿职业岗位上自身的安全。

③ 掌握民宿意外安全事故处理的基本流程。

④ 能对员工进行职业安全培训。

⑤ 能制定民宿意外事故的预案。

⑥ 能及时妥善处理民宿意外事故。

情景对话

工作是为了赚钱，是为了家人的幸福。安全无小事，时刻记心间。

员工：我是新员工，请多多关照和帮助。

民宿管家：噢，欢迎您！您先阅读了解一下，我们的民宿各项安全管理制度，学会保护自己。

情境讨论：

① 你认为在工作中，为什么要学会保护自己和遵守安全管理制度？

② 除了保护自己，你认为员工还有哪些责任和义务需要履行，才能为家人带来幸福？

知识准备

职业安全与意外事故

民宿职业安全是指在民宿从业人员的职业生涯中，保障他们的人身安全和财产安全的一系列措施。在民宿运营过程中，职业安全是非常重要的一环，因为民宿从业人员的职业特性决定了他们需要在工作中面对各种风险与挑战。

为了确保民宿从业人员的职业安全，民宿业主和管理人员需要提供必要的培训和指导，让从业人员了解如何避免意外事故和处理突发事件。此外，民宿业主和管理人员也需要确保民宿的消防设备完好，并制定应急预案，以便在危急时刻能够快速有效地响应。

除此之外，民宿从业人员也需要在日常工作中自我保护，如正确使用防护装备、遵守相关规章制度、注意个人卫生等等。只有全方位地保障民宿从业人员的职业安全，才能有效提升民宿的服务质量和客户满意度。

一、民宿职业安全要素

民宿职业安全是民宿从业人员必须关注的重要问题。因为民宿从业人员在工作中经常面临各种风险和挑战，包括火灾、地震、食品安全、突发事件等等，如果缺少职业安全措施，则会对民宿从业人员的人身安全和财产安全造成威胁。为了保障民宿从业人员的职业安全，业主和管理人员需要从多个方面入手，全面加强民宿职业安全管理。

1. 编制安全制度

业主和管理人员需要制定详细的职业安全制度和操作规程，明确从业人员的职责和权利，规范从业人员的行为，确保民宿从业人员的职业安全得到全面保障。

民宿安全制度是指为了确保民宿的居住者和工作人员的安全而实施的一系列规定、政策和程序。这些制度的目的是减少潜在的风险，确保住宿设施的运营是安全可靠的。以下是编制民宿安全制度的内容要求，见表3-2-1所列。

表3-2-1 编制民宿安全制度的内容要求

序号	管理制度	内容要求
1	建筑和设备安全检查制度	民宿经营者需要定期进行建筑和设备的安全检查，确保建筑结构、电气设施、消防系统等都符合相关标准和规定
2	火灾安全制度	民宿需要安装和维护消防设备，如灭火器、火警报警器和喷淋系统。逃生通道需要保持畅通，并且住宿者需要了解逃生路线和应急计划
3	食品安全制度	如果民宿提供餐饮服务，需要遵循食品安全标准，确保食品的储存、处理和准备过程不会引发食品中毒等问题
4	安全培训制度	民宿工作人员需要接受适当的安全培训，包括火灾应急、急救等方面的培训，以便在紧急情况下能够迅速采取行动
5	客人登记和身份验证制度	为了确保入住者的安全，民宿可能需要对客人进行登记，并且在必要时验证其身份

145

（续表）

序号	管理制度	内容要求
6	安全设施制度	民宿需要安装监控摄像头、安全门禁系统等设施，以提高安全性
7	卫生和清洁制度	维护良好的卫生和清洁是确保住宿安全的重要一环，防止细菌传播和卫生问题
8	紧急情况计划	民宿需要制定应对紧急情况（如火灾、地震等）的计划，确保员工和客人能够迅速、安全地撤离或采取必要的措施
9	合规审查制度	民宿需要定期接受合规审查，以确保其符合当地、国家甚至国际的安全标准和法规
10	客人教育制度	向入住客人提供相关的安全信息，如紧急联系电话、逃生路线、设施使用注意事项等

请注意，具体的民宿安全制度可能会因地区、法规和民宿类型而异。民宿经营者需要了解并遵循适用的安全标准和法规，以保障住宿者和工作人员的安全。

2. 加强员工职业安全培训和指导

业主和管理人员需要为从业人员提供必要的职业安全培训和指导（图3-2-1），让他们了解民宿的各项规章制度和操作规程，掌握如何避免意外事故和应对突发事件等。此外，业主和管理人员还需要定期进行职业安全培训，提高民宿从业人员的职业素质和应对能力。

民宿员工安全培训是确保员工了解如何应对紧急情况、维护设施安全以及提供良好客户服务的重要步骤。以下是一些民宿员工安全培训的要点，表3-2-2所列。

图3-2-1　加强员工职业安全培训和指导

表3-2-2　民宿员工安全培训

序号	培训项目	培训内容和要求
1	火灾安全	（1）火灾逃生计划。培训员工了解建筑内的逃生通道、紧急出口以及逃生集合点，并提供逃生演练 （2）灭火器和消防设备。指导员工如何正确使用灭火器和其他消防设备
2	急救	呼救程序。教育员工应如何拨打急救电话并提供基本急救知识，如心肺复苏和止血方法
3	客户服务与安全	（1）客人登记与身份验证。教育员工如何准确地登记客人信息，并在必要时验证其身份 （2）不寻常活动的识别。培训员工辨别异常行为或可疑活动，并及时采取适当措施

（续表）

序号	培训项目	培训内容和要求
4	设施安全与维护	（1）安全设备使用。教导员工正确使用安全设备，如监控摄像头、门禁系统等 （2）定期检查。指导员工进行设施巡检，发现任何安全隐患时及时报告上级
5	突发事件应对	（1）紧急情况计划。培训员工了解应对紧急事件的计划，包括火灾、地震、停电等情况下的应对措施 （2）客人疏散。指导员工如何引导客人迅速、有序地撤离建筑
6	卫生与清洁	（1）卫生标准。强调员工必须遵循卫生标准，确保房间和公共区域的清洁与卫生 （2）垃圾处理。教导员工正确处理垃圾，避免引发卫生问题
7	法规与合规性	（1）安全法规。向员工传达当地、国家和国际安全法规，确保民宿合规运营 （2）培训记录。维护员工安全培训记录，以便未来审查和追踪

培训内容应根据具体民宿的情况进行调整，同时定期更新培训内容以适应新的安全挑战和最佳实践。

3. 制定应急预案

在民宿职业安全的保障中，消防设备和应急预案也是非常重要的一环。民宿业主和管理人员需要确保民宿的消防设备完好，制定应急预案，并进行演练，以便在危急时刻能够快速有效地响应。此外，业主和管理人员还需要加强对民宿的安全检查和监控，及时发现和排除安全隐患，确保民宿从业人员的职业安全得到有效保障。

4. 完善个人防护

除了业主和管理人员的努力，民宿从业人员自身的防护和卫生也是保障职业安全的重要环节。民宿从业人员需要在日常工作中注意个人防护，比如正确使用防护装备、遵守相关规章制度、注意个人卫生等等。此外，业主和管理人员还可以为从业人员提供必要的医疗保障和人身保险，让他们在工作中更加安心和放心。

全方位地保障民宿从业人员的职业安全（图3-2-2），不仅能够提高民宿的服务质量和客户满意度，还能够为民宿行业的长期稳定发展打下坚实的基础。同时，也需要不断完善民宿职业安全管理制度和操作规程，提高从业人员的职业素质和应对能力，为民宿职业安全保障工作提供更加坚实的保障。

图3-2-2　全方位地保障民宿
从业人员的职业安全

二、民宿意外事故处理

民宿意外事故是指在民宿从业人员工作中发生的非预期的突发事件或意外事故。这些事件或事故可能会对民宿从业人员的人身安全和财产安全造成威胁，甚至对民宿的经营和声誉造成严重的影响。

民宿从业人员在工作中可能会遇到各种意外事故，如火灾、地震、食品安全问题、突发事件等等，都需要紧急处理。这些意外事故往往会给民宿从业人员带来很大的安全隐患和工作压力。因此，在民宿职业安全管理中，业主和管理人员需要采取一系列措施，预防和应对意外事故的发生。意外事故紧急处理联系电话见图3-2-3所示。

首先，业主和管理人员需要制定详细的应急预案，明确从业人员在各种突发事件和意外事故中的应对措施和责任分工。这些应急预案需要包括火

图3-2-3　意外事故紧急处理联系电话

灾、地震、气象灾害、恐怖袭击、突发公共卫生事件等各种情况，保障从业人员在紧急情况下能够快速有效地进行应对。

其次，业主和管理人员需要定期进行安全检查和隐患排查，及时发现和排除安全隐患，确保民宿从业人员的职业安全得到全面保障。比如，业主和管理人员需要确保民宿的消防设备完好，特别是火灾报警器、灭火器等设备的使用和维护。此外，业主和管理人员还需要定期进行卫生检查，保障民宿从业人员在卫生环境良好的情况下工作。

最后，业主和管理人员需要为从业人员提供必要的防护装备和医疗保障，确保从业人员在工作中能够安全和健康地进行工作。比如，业主和管理人员需要为从业人员提供必要的口罩、手套、防护服等防护装备，保障从业人员工作中的安全。同时，业主和管理人员还需要为从业人员购买人身保险和医疗保险，保障从业人员在工作中的安全与健康。

民宿意外事故是民宿从业人员职业安全管理中需要关注和解决的问题。业主和管理人员需要采取一系列措施，预防和应对意外事故的发生，保障从业人员的职业安全得到全面保障。只有这样，才能够有效提高民宿的服务质量和客户满意度，为民宿行业的健康发展打下坚实的基础。

民宿意外事故的处理流程是确保在发生意外情况时能够迅速、有效地采取行动，保障员工和客人的安全，并降低可能的损害。以下是民宿意外事故的处理流程和要点，见表3-2-3所列。

表3-2-3　民宿意外事故的处理流程和要点

序号	流程	处理要点
1	保障安全	首要任务是确保员工和客人的安全。如果事故涉及火灾、爆炸、地震等紧急情况，立即启动紧急撤离计划，引导人员安全离开建筑

（续表）

序号	流程	处理要点
2	呼叫急救	如果事故导致人员受伤，立即拨打急救电话，通知医护人员前来处理伤者
3	隔离事故现场	将事故现场隔离，防止更多人员进入，以确保安全和保护现场证据
4	通知管理层	在处理紧急情况的同时，通知民宿的管理层，汇报事故的情况和处理进展
5	客人和员工沟通	如可能，及时与涉事客人和员工沟通，提供必要的信息，告知他们当前情况和采取的措施
6	收集信息	收集有关事故的详细信息，包括时间、地点、涉及人员、受伤情况等，以备后续处理和报告使用
7	保护现场证据	保护现场证据，防止证据被破坏或篡改。如果可能，可以拍照或记录现场情况
8	与当地执法部门合作	如涉及严重事故，可能需要与当地警察、消防等执法部门合作，提供必要的信息和协助
9	联系保险公司	如事故可能导致财产损失，及时与保险公司联系，报告事故情况，并根据保险政策进行操作
10	整理报告	编写事故报告，详细描述事故经过、采取的应急措施、伤者情况以及后续处理步骤
12	防止类似事故再次发生	通过分析事故原因，采取措施预防类似事故的再次发生，可能涉及改进流程、提升员工培训等
13	法律和合规性	确保在处理事故时遵循适用的法律和合规性要求，防止因处理不当导致法律纠纷

以上是处理民宿意外事故的一般流程和要点，但实际处理过程可能因具体情况而有所不同。在紧急情况下，冷静、迅速地采取行动，同时与相关部门、人员进行紧密合作，是保障安全的关键。

任务实训

民宿安全故事案例分析

三里河新疆民宿后厨的一名女员工在工作时，头发被抽油烟机的风扇卷进，约三分之一面积的头皮被扯掉。事发后，民宿工作人员立即拨打120，上午9时，该女子被送入医院。据了解，受伤女子留有披肩长发，上午在后厨工作时可能没有戴员工工作帽，头发不慎被机器的风扇卷了进去。尽管工作人员立即将电源切断，但是该女子头皮仍被扯掉约三分之一。

（来源：https://www.hoteldisk.com/21203.html）

一、任务分析

这起事件可能是由于以下原因导致的。

（1）未佩戴安全帽。事发时，女员工可能没有佩戴员工工作帽。在后厨环境中，佩戴安全帽可以有效保护头发免受危险机器的接触，减少类似意外的发生。

（2）机器未及时停止。尽管工作人员立即切断了电源，但可能由于某些原因导致机器停止的时间延迟，结果造成了严重的伤害。

在类似情况下，应该确保紧急停机按钮易于操作，并让机器能够迅速停止运转，以最大限度地减少潜在的危险。

二、任务准备

① 熟悉民宿管家的岗位安全知识。
② 掌握民宿岗位上易发生的人身安全隐患。
③ 准备安保工具。

三、任务实施

头发被抽油烟机卷入的安全事故的分析及预防任务实施流程见图3-2-4所示。

事故经过分析 → 事故原因分析 → 故事预防对策分析

图3-2-4 任务实施流程

1. 事故经过分析

这是在一家民宿的厨房中，一位员工在准备早餐时，她的长发被抽油烟机的风扇吸入，导致头发被卷住。员工立刻感到疼痛并惊慌失措，试图从抽油烟机中解脱出来，但情况变得更加糟糕。

2. 事故原因分析

（1）员工可能没有采取足够的预防措施，如将长发固定或戴上帽子。
（2）抽油烟机的风扇可能没有装置或保护装置，以防止类似事故的发生。
（3）员工可能没有得到关于使用厨房设备的安全培训，不知道如何避免类似的危险情况。

3. 故事预防对策分析

（1）设施安全和培训。这起事故强调了设施安全和员工培训的重要性。民宿应该确保所有设备都具有适当的安全装置，以避免危险情况的发生。员工也应该接受使用设备的培训，了解如何避免潜在的危险。

（2）员工个人安全措施。员工应该采取个人安全措施，如将长发固定，避免将其接近旋转设备，以及戴上适当的保护装备。

（3）急救培训。民宿员工应该接受急救培训，以便在类似情况下能够快速采取适当的措施，如拨打急救电话或协助伤者。

这个案例强调了在民宿厨房等场所中，员工和设备安全的重要性。预防措施、培训以及应急准备是确保民宿安全的关键步骤。请注意，实际事件的情况可能有所不同，需要根据具体情况进行分析和处理。

通过事故分析，民宿管家应该重视职业安全，并采取适当的预防措施，通过培训、监督和设备维护来确保员工的安全。同时，员工也应该充分认识到自己的安全责任，并积极参与安全培训和实施。

能力拓展

编制一份民宿职业安全培训方案

民宿管家要重视职业员工的安全教育培训工作，需编制一份职业安全教育培训方案。内容包括：

（1）安全意识教育。通过讲解安全意识的重要性，引导员工认识到安全问题的严重性，提高员工的安全意识和责任感。

（2）安全规章制度。介绍民宿的安全规章制度，让员工了解民宿的安全管理制度和安全操作规程，遵守企业的安全规章制度。

（3）安全技能培训。针对不同岗位的员工，进行相应的安全技能培训，如消防安全、操作安全、机械安全、化学品安全等。

（4）掌握救援知识。介绍应急救援知识，让员工了解应急处理的流程和方法，提高员工的应急处理能力。

（5）安全检查和隐患排查。讲解安全检查和隐患排查的方法和技巧，让员工能够及时发现和排除安全隐患，保障员工的安全。

（6）安全文化建设。通过讲解安全文化的概念和重要性，引导员工树立安全文化意识，营造良好的安全文化氛围。

请回答：

① 安全教育培训工作在员工培训的地位重要性分析。

② 如何排除民宿经营活动中的职业安全隐患。

任务评价

根据本项目任务内容填写民宿职业安全测评表，具体见表3-2-4所列。

表3-2-4　民宿职业安全测评表

评价一级指标	评价二级指标	评价标准	赋分/分	自我评价/分	互相评价/分	教师评价/分
知识能力（20分）	专业知识	掌握民宿职业安全知识	4			
		掌握职业安全处理方法	2			
		能根据民宿情况，预防职业安全事故的发生	4			
	自学能力	能够通过自己已有的知识、经验来独立地获取新知识和信息	5			
	创新能力	能够跳出固有的课内外知识，提出自己的见解	3			
		敢于标新立异	2			

（续表）

评价一级指标	评价二级指标	评价标准	赋分/分	自我评价/分	互相评价/分	教师评价/分
技能能力（35分）	实操规范	能根据实训任务步骤完成事故的处理	10			
		操作熟练各环节衔接流畅	5			
	职业岗位能力	能针对不同的客人的特点及事件本身处理事情	10			
		关注民宿的职业隐患	5			
		能正确使用服务所需的设施设备	5			
职业素养（45分）	组织能力	能组织同学一起讨论问题，分工清晰明确，能及时排解过程中出现的争论	4			
	团队协作能力	表达观点，为小组提供有用的信息、方法	3			
		有团队协作意识	3			
	自我调节能力	能够有效地整合各种学习资源	3			
		遇到问题时可以调整自己的心态	3			
	沟通能力	能跟同学建立良好关系，跟同学沟通顺畅	3			
		能够正确地组织语言，表达所学内容	3			
		在小组讨论中能够与他人交流自己的想法	3			
	形象礼仪	能够按照职业要求规范职业仪容仪表	3			
		体现礼仪礼貌	3			
	服务意识	能够热情、主动、预见性地提供服务	4			
		把客人当作朋友和家长	3			
	责任心	不计较分工，认真完成分配好的角色和任务	3			
		课堂守纪，服从安排	4			
小计			100			
总分＝自我评价/分＊25%＋互相评价/分＊25%＋教师评价/分＊50%			100			
评价总结						
改进方法						

思考与练习

① 如何进行设施安全和员工培训？

② 民宿的紧急情况处理计划和撤离计划如何制定？

③ 机构和管理人员在民宿的职业安全保障中扮演什么样的角色？

任务 客人投诉处理

任务描述

客人投诉处理是民宿业务运营中不可避免的。当客人对民宿的服务不满意时，他们可能会投诉。如果投诉得到妥善处理，可以有效地改善客户满意度，提高民宿的服务品质和声誉。因此，民宿业主和管理人员需要采取一系列措施，妥善处理客人投诉。针对不同类型的客人投诉，民宿管家应该采取一定的程序和不同的措施来解决问题。

学习目标

① 了解民宿投诉的类型及投诉的内容。

② 掌握处理客人投诉的流程和相关要求。

③ 能客观地看待民宿投诉的合理性，并能根据程序进行投诉处理。

④ 能把握民宿投诉的真实诉求，进行相关的合理赔偿和道歉，并总结出改善相关服务措施。

⑤ 能针对投诉所反应的问题，对员工进行培训。

情景对话

没有人愿意自找不快。他投诉，一定是我们存在不足。妥善处理，改进我们的工作，是我们的基本态度。

客户：你们的房间卫生不干净，特别是床品和毛巾。热水器供热水时断时续，请你们尽快解决一下。

民宿管家：抱歉！稍等，我马上来看看。如有问题我们即刻解决。

情境讨论：

① 假如你是民宿管家，在面对客户投诉时应该采取哪些具体措施来妥善处理问题并改进工作？

② 探讨如何建立一个有效的客户反馈机制，以便民宿可以更好地发现并解决客户的问题。

知识准备

客人投诉是企业与客户沟通的重要方式，也是民宿提高服务质量的关键。在处理客人投诉时，我们需要重视客户的反馈和建议，及时解决客户的问题，以提高客户满意度和信任度。同时，客人投诉的类型比较多，需要采取不同的措施来解决。

一、民宿客人投诉的类型

1. 民宿客房环境问题

当客户投诉民宿环境问题时，我们需要及时了解客户的具体反馈和问题，分析问题所在，并采取有效措施解决问题。民宿投诉的客户环境问题主要有：清洁问题、异味问题、设施损坏、床铺舒适度、噪音问题、空气质量、室内装饰、安全问题、卫生间设施等。如果是自然光线和照明问题，可以改善我们的照明设备；如果是家具和用品外观问题，可以重新制造或修复产品；如果是产品性能问题，可以进行技术调整或升级。针对不同的问题，我们需要采取不同的措施解决问题，以提高客户满意度。

民宿客房的环境问题在维护良好的客户体验和获得良好口碑方面至关重要。以下是一些涉及民宿客房环境问题以及如何解决它们的建议，具体见表3-2-5所列。

表3-2-5 民宿客房环境问题

序号	投诉事项	相关内容
1	清洁问题	客房的清洁程度是客人评价的重要因素。确保客房每日进行彻底的清洁，包括更换床单、毛巾，清扫地面、卫生间和洗手间等
2	异味问题	客房内出现的异味会影响客人的体验。定期通风是缓解异味的一种方法。使用空气清新剂或蜡烛等也可以改善氛围，但要注意避免过度使用
3	设施损坏	确保所有设施都处于良好的工作状态，如灯具、水龙头、空调、电视等。及时修复或更换损坏的设施，以确保客人的舒适度
4	床铺舒适度	床铺的舒适度对客人的休息体验至关重要。选择优质的床垫和床品，保持床铺整洁，提供不同类型的枕头以满足不同客人的需求
5	噪音问题	确保客房内相对安静，以便客人休息。采取隔音措施，如提供耳塞，或者在房间内放置地毯、窗帘等以吸收噪音
6	空气质量	保持室内空气清新，避免过度潮湿或干燥。可以使用空气净化器或植物来提高空气质量
7	室内装饰	为客房设计宜人的装饰，营造舒适的氛围。避免过于拥挤的摆设，以确保客人有足够的空间
8	安全问题	客人的安全是首要考虑。确保所有电器设备和插座符合安全标准，提供足够的疏散通道，为客人提供应急信息和紧急联系方式
9	卫生间设施	卫生间的清洁度和设施功能也是客人关注的重点。保持卫生间干净整洁，确保水龙头、淋浴和马桶等设施正常运作
10	自然光线和照明	提供足够的自然光线和良好的照明系统，以提升客人的居住体验

综上所述，民宿经营者需要密切关注客房环境问题，确保客人在舒适、干净、安全的环境中度过愉快的时光。定期的维护和关怀将有助于提升客户满意度和口碑。

2. 民宿服务质量问题

当客户投诉服务质量问题时，我们需要及时回应客户的投诉，并快速解决问题。例如，如果是服务态度不好，可以向客户道歉并提供更好的服务；如果是服务速度不够快，可以尽快处理客户的问题；如果是服务质量问题，可以进行培训和提升服务水平等等。针对不同的服务质量问题，我们需要采取不同的措施解决问题，以提高客户满意度。

改善民宿的服务质量对于提升客户满意度、吸引更多客人以及建立良好的口碑至关重要。表3-2-6是一些改善民宿服务质量的建议。

表3-2-6　改善民宿服务质量的建议

序号	改善措施	具体内容
1	培训员工	确保员工接受了足够的培训，了解如何与客人互动、解决问题，并提供卓越的客户服务。培训可以涵盖沟通技巧、客户满意度、紧急情况处理等方面
2	个性化服务	了解客人的需求和喜好，尽可能地提供个性化的服务。这可能包括根据客人的饮食偏好提供早餐、提供额外的床铺用品等
3	有效沟通	与客人保持开放、积极的沟通，倾听他们的反馈和建议。积极应对客人的问题和疑虑，确保他们感到被重视
4	清晰的信息	在网站、预订平台和客房内提供清晰的信息，包括入住和退房时间、设施信息、政策等，避免造成客人困惑或误解
5	及时回应	对于预订、查询或投诉，确保迅速回应客人，快速响应展示了民宿对客人关切的态度
6	客房维护	定期检查客房，确保设施和设备正常运作，床铺舒适干净，卫生间卫生良好
7	欢迎礼物	为客人提供小小的欢迎礼物，这能够让客人感受到你的热情和关怀
8	关注细节	注重细节，例如客房内的装饰、床上用品的质量、房间的氛围等，这些都能够为客人营造出更好的体验
9	改进基础设施	如果客人频繁提到某些设施存在问题，考虑投资改善这些基础设施，以提升客户满意度
10	客户反馈	定期收集客户反馈，无论是正面还是负面的。正面反馈可以增强信心，负面反馈则为改进提供指导
11	持续改进	将改善客户服务作为一个持续的过程，不断地评估和调整服务和经营方式

通过不断的努力和关注客户的需求，可以逐步改善民宿的服务质量，吸引更多的客人，建立稳固的客户基础。

3. 民宿性价比问题

除了产品质量问题和服务质量问题，客人投诉的类型还包括价格问题、交付问题和售后服务问题。通常处理方式包括以下几个方面。

（1）当客户对价格不满意时，我们可以考虑通过降价、促销等方式来提高客户的满意度。

（2）当客户对交付时间不满意时，我们应该及时与客户沟通并加快交付进度。

（3）当客户对售后服务不满意时，我们应该提供更好的售后服务，及时回应客户的问

图3-2-5 及时回应客户的问题，并解决客户的问题

题，并解决客户的问题（图3-2-5）。

针对不同的投诉类型，我们需要采取不同的措施解决问题，以提高客户满意度。在应对客人投诉时，我们还需要建立健全的投诉渠道和体系，以便客户能够及时反馈和投诉，同时也能够及时得到处理和反馈。例如，可以建立投诉热线、客户服务中心、在线客服、社交媒体等多种渠道，以便客户能够方便地反馈和投诉，并及时得到处理和反馈。建立健全的投诉渠道和售后服务体系，可以有效提高客户满意度和信任度。

最后，在处理客人投诉的过程中，我们需要保持冷静、耐心和诚信，认真听取客户的反馈和建议，给予客户满意的答复和解决方案，以提高客户满意度和信任度。通过积极应对客人投诉，企业可以提高客户满意度和经营效益，增强企业的竞争力和口碑，实现可持续发展和盈利。

如果客人在离开民宿后，出现了一些问题或者需要一些帮助，民宿应该及时回应客人的诉求，并提供帮助和支持。例如，可以提供电话咨询、在线客服等渠道，以便客人能够及时得到帮助和支持。

综上所述，应对客人投诉是企业提高服务质量的关键，需要重视客户的反馈和建议，并采取有效措施解决问题，以提高客户满意度和信任度。

二、处理客人投诉的流程

民宿管家应对客人投诉的流程是为了让民宿业主和管理人员能够更加妥善地处理客人投诉，提高客户满意度和忠诚度。在实际操作中，民宿管家应该按照以下流程处理客人投诉。

1. 接收投诉

当人进行投诉时，民宿管家需要及时记录客人的投诉。在接收投诉时，民宿管家需要保持耐心和友好，让客人感受到民宿的关心和关注。此外，民宿管家需要认真倾听客人的投诉内容，了解客人的需求和不满，并向客人表示歉意和关切（图3-2-6）。

2. 确认投诉

民宿管家需要确认客人的投诉内容和原因，了解客人的需求和不满，并进行客观的分析和评估。只有这样，才能够制定有效的解决方案和措施，满足客人的需求和期望。在确认投诉时，民宿管家需要与其他部门和从业人员紧密合作，协调处理客人的问题和疑虑。

3. 处理投诉

民宿管家需要及时采取有效措施，处理客人的投诉。比如，可以为客人提供赔偿或优惠，改善客人的住宿体验。在处理投诉时，民宿管家需要保持良好的态度和沟通，让客人感受到民宿的关心和关注。同时，民宿管家需要向客人说明投诉处理的过程和原因，让客人感受到民宿的诚信和责任。

4. 反馈处理结果

民宿管家需要及时反馈处理结果，让客人了解投诉的处理进度和结果。在反馈处理结果时，民宿管家需要保持客观和真实，让客人感受到民宿的诚信和责任。同时，民宿管家需要向客人表达感谢和歉意，并邀请客人提出进一步的建议和意见。

5. 跟进投诉

图 3-2-6 耐心和友好的接受投诉

民宿管家需要及时跟进投诉，确保投诉得到妥善处理。在跟进投诉时，民宿管家需要保持耐心和友好，让客人感受到民宿的关心和关注。同时，民宿管家需要向客人告知投诉的进展和处理情况，及时解决客人的问题和疑虑。

任务实训

民宿投诉处理

甘孜市民李女士2020年11月14日投诉称：她通过美团平台，花费317.3元订购了眉山东坡区某果糖民宿一间，平台上告知14点可以入住，消费者按时来到后与商家联系，才被告知要20点才能入住。

（来源：https://www.sohu.com/na/455662031__100140961）

一、任务分析

经工作人员核实，美团平台上入住须知明确的是14：00之后可以入住，消费者根据美团平台上的入住须知，按照约定的时间入住民宿，民宿方应按照约定提供相应的服务。非消费者原因，导致消费者不能正常入住，民宿方应承担主要责任。美团平台工作人员向民宿方宣传了相关法律规定，严肃批评教育了民宿方，指出了民宿方的过错。

二、任务准备

① 确认民宿投诉类型和性质。接受平台工作人员与民宿方沟通和相关解释，认识到了自

己的不足。

②针对民宿投诉的问题，选择处理的方法和技巧，准备好向投诉客户赔礼道歉的致歉信函，并准备好款项，在调解现场退还消费者住宿全款。

③掌握处理投诉流程。能把握宾客的真实诉求进行相关的合理赔偿和道歉，并总结出改善相关服务措施，妥善处理客人投诉．提高客户满意度和忠诚度，提高民宿的服务品质和声誉。

三、任务实施

根据平台方告知和沟通的投诉意见。按照以下的流程处理投诉，也可根据实际情况进行调整（图3-2-7）。

接收投诉 → 记录投诉信息 → 及时回应 → 了解问题 → 解决方案 → 采取行动 → 沟通结果 → 保持跟进 → 改进措施 → 记录投诉反馈 → 持续改进

图3-2-7　处理投诉实施流程

第一步：接收投诉。

① 当客人提出投诉时，始终保持冷静和专业，表现出对问题的关切。

② 确保有专门的渠道（如电话、电子邮件、在线平台）供客人提交投诉。

第二步：记录投诉信息。记录投诉的详细信息，包括客人的姓名、联系方式、投诉的具体内容、时间、地点等。

第三步：及时回应。在收到投诉后的短时间内，尽快回应客人。即使问题需要时间解决，也应向客人表示感谢并告知你正在处理问题。

第四步：了解问题。与客人进一步沟通，确保你完全了解投诉的内容和原因。尽量避免偏见，听取客人的意见。

第五步：解决方案。根据投诉的性质，提出解决方案。在一些情况下，可能需要与客人协商，以找到双方都满意的解决办法。

第六步：采取行动。根据所选的解决方案，采取必要的行动。这可能包括更换设备、提供补偿、改进服务流程等。

第七步：沟通结果。在问题得到解决后，向客人说明所采取的行动，以及为何选择了这个解决方案。感谢客人的反馈，表达你对客人满意度的关注。

第八步：保持跟进。在问题解决后的一段时间内，与客人保持联系，确保问题没有再次出现。这体现了你对问题的关注和承诺。

第九步：改进措施。从投诉中吸取经验教训，评估是否需要调整服务流程、培训员工或改善基础设施。

第十步：记录投诉反馈。将投诉的详细信息、解决方案和结果记录下来，以备将来参考。这有助于追踪问题的频率和趋势。

第十一步：持续改进。将投诉处理视为持续改进的机会，不断优化服务质量，以减少未来投诉的可能性。

一个良好的投诉处理流程可以帮助你在出现问题时迅速做出回应，并通过积极的态度和解决方案来维护客户关系和声誉。

能力拓展

避免和减少民宿投诉的方法

民宿在经营过程中，遇到这样和那样的问题是客观的，也是正常的。他有自身客观因素，也有不同民宿客户的个性的主观因素。民宿管家要提升民宿运营管理过程中避免和减少投诉的能力，要从以下几个方面做好工作。

一、建立投诉处理制度和流程

民宿管家需要建立完善的投诉处理制度和流程，明确投诉的接收、处理、反馈、跟进等环节，明确投诉的责任人和具体处理措施。同时，民宿管家还需要制定相应的投诉处理指南和标准，确保投诉处理的公正和规范。

二、加强客户服务培训

民宿管家需要加强从业人员的客户服务培训，提高从业人员的服务意识和服务质量。比如，可以制定客户服务标准、培训从业人员的服务技能、加强客户服务沟通等。通过加强客户服务培训，民宿管家可以提高从业人员的服务意识和服务质量，提高客户满意度和忠诚度。

三、定期进行客户满意度调查

民宿管家需要定期进行客户满意度调查，了解客人的需求和满意度。客户满意度调查可以通过问卷调查、电话访谈、在线调查等方式进行。通过客户满意度调查，民宿管家可以了解客人的需求和不满，及时改进和调整服务内容和质量，提高客户满意度和忠诚度。

民宿管家应对客人投诉的流程是为了让民宿业主和管理人员能够更加妥善地处理客人投诉，提高客户满意度和忠诚度。只有通过良好的投诉处理流程，才能够有效地改善客人的住宿体验，提高民宿的服务品质和声誉。同时，民宿管家还需要加强客户服务培训，定期进行客户满意度调查，不断提高客户满意度和忠诚度，为民宿业务的长期稳定发展打下坚实的基础。

请回答：

① 按照投诉处理制度和流程在处理投诉时的重要意义是什么？

② 客户服务培训对减少和避免客户投诉能起到什么作用？

任务评价

根据本项目任务内容填写客人投诉处理测评表，具体见表3-2-7所列。

表 3-2-7　客人投诉处理测评表

评价一级指标	评价二级指标	评价标准	赋分/分	自我评价/分	互相评价/分	教师评价/分
知识能力（20分）	专业知识	掌握民宿客人投诉类型	4			
		掌握客人投诉处理方法	2			
		能根据民宿情况，预防客人投诉的发生	4			
	自学能力	能够通过自己已有的知识、经验来独立地获取新知识和信息	5			
	创新能力	能够跳出固有的课内外知识，提出自己的见解	3			
		敢于标新立异	2			
技能能力（35分）	实操规范	能根据实训任务步骤完成事故的处理	10			
		处理投诉操作熟练，各环节衔接流畅	5			
	职业岗位能力	能针对不同的客人的特点及事件本身处理事情	10			
		关注民宿的消防隐患	5			
		能正确使用服务所需的设施设备	5			
职业素养（45分）	组织能力	能组织同学一起讨论问题，分工清晰明确，能及时排解过程中出现的争论	4			
	团队协作能力	表达观点，为小组提供有用的信息、方法	3			
		有团队协作意识	3			
	自我调节能力	能够有效地整合各种学习资源	3			
		遇到问题时可以调整自己的心态	3			
	沟通能力	能跟同学建立良好关系，跟同学沟通顺畅	3			
		能够正确地组织语言，表达所学内容	3			
		在小组讨论中能够与他人交流自己的想法	3			
	形象礼仪	能够按照职业要求规范职业仪容仪表	3			
		体现礼仪礼貌	3			
	服务意识	能够热情、主动、预见性地提供服务	4			
		把客人当作朋友和家长	3			
	责任心	不计较分工，认真完成分配好的角色和任务	3			
		课堂守纪，服从安排	4			
小计			100			
总分＝自我评价/分＊25%＋互相评价/分＊25%＋教师评价/分＊50%			100			
评价总结						
改进方法						

思考与练习

2021 年 2 月，一个 14 人的团队预订了重庆南门村的不贰无为云间民宿，包场费用为 4266 元，共八个房间。随后，团队人员晚上在民宿中烧烤，所花 1232 元的烧烤材料很少，其中 5 个鸡蛋的收费为 28 元。而且从当天晚上至第二天上午，有几个房间一直没有热水洗澡，向老板反馈后，老板也没做出任何解释。如果你是当时的那个民宿管家，你该怎么办呢？

任务二　特殊情况处理

任务描述

在民宿服务过程中，特殊情况处理是民宿管家必须面对的一项重要任务，需要民宿管家具备一定的应急处理能力和经验。民宿在经营过程中需要注意特殊情况的处理，并加强对服务和员工的管理和培训，建立健全的客户档案和投诉渠道，提高客户满意度和信任度，为企业的可持续发展奠定坚实基础。

学习目标

① 了解民宿不同类型的突发特殊情况，包括自然灾害、安全问题、医疗紧急情况等。
② 掌握民宿不同类型的突发情况的应对策略和工作内容要点。
③ 熟悉相关政策法规，了解民宿在接待和服务过程中的合规要求。
④ 能根据不同类型的突发情况采取应对措施。
⑤ 能按照民宿经营活动中的政策法规和合规要求，预防或减少特殊情况的发生。

情景对话

天有不测风云，人有旦夕祸福。有的时候不幸会突然降临，无法防范。

客户：管家，我在网上看到你们民宿出了命案，是怎么回事？

民宿管家：这个信息时代，消息真是传递好快呀。这是一个无法避免的意外不幸。

情境讨论：

① 你认为在这种情况下，民宿管家应该如何回答客户的问题？

② 对于一个经营民宿的企业来说，你认为应该采取哪些措施来预防和应对类似的意外事件？

微课　民宿管家突发
事件处理实战

知识准备

一、民宿突发特殊情况

1. 自然灾害

自然灾害可能会对客人的旅游行程和住宿计划带来影响,如台风、洪水、暴雨等(图3-2-8)。在自然灾害发生时,民宿管家需要密切关注天气变化和灾情发展情

图3-2-8 自然水灾

况,及时向客人提供相关信息和建议,让客人了解灾情和应对措施。同时,民宿管家需要向客人提供必要的生活和安全保障,如食品、饮用水、医疗救助等。如果客人需要疏散或者转移,民宿管家需要积极协助客人安排转移和住宿事宜,并提供必要的帮助和支持。

2. 疫情

疫情对于旅游行业而言是一次巨大的考验,也是民宿业务发展面临的一大挑战。疫情可能会对客人的旅游计划和住宿需求带来影响,如旅游区封闭、交通限制、住宿场所关闭等。在疫情发生时,民宿管家需要密切关注疫情发展情况和政府部门的相关政策和措施,及时向客人提供相关信息和建议,让客人了解疫情情况和应对措施。同时,民宿管家需要向客人提供必要的生活和安全保障,如提供食品、饮用水、医疗救助等。如果客人需要调整旅游计划或者延长住宿时间,民宿管家需要积极协助客人调整行程和住宿事宜,并提供必要的帮助和支持。

3. 其他特殊情况

民宿服务过程中还可能会遇到其他特殊情况,如客人意外伤害、财产损失等。在这些情况下,民宿管家需要及时采取行动,向客人提供必要的帮助和保障,尽量减少客人的损失和不便。如果客人需要紧急处理,民宿管家需要积极协助客人联系当地的医院、公安局、领事馆等机构,并提供必要的帮助和支持。

民宿突发的特殊情况处理是民宿管家必须面对的一项重要任务。它需要民宿管家具备一定的应急处理能力和经验。民宿管家需要对各种特殊情况做好应对准备,及时采取行动,尽可能地保护客人的安全和权益。

二、民宿特殊情况处理的类型和处理要点

民宿经营过程中,除了一般投诉处理之外,还存在一些特殊情况需要特别处理,这些情况包括但不限于以下几种。

首先,如果客人遇到意外情况,例如突然生病、意外受伤等,民宿应该及时安排医疗救治,并协助客人处理相关事宜。在处理过程中,民宿需要保持冷静、耐心、诚信,以客户的利益为重,协助客人尽快解决问题。

其次,如果客人在民宿内遇到不文明行为、侵犯隐私等问题,民宿应该及时采取措施,保护客人的合法权益,并协助客人解决问题。在处理过程中,民宿需要保护客人的隐私和安

全，维护民宿的秩序和安全。

民宿经营中可能会面临各种特殊突发情况，这些情况需要及时、妥善地处理，以保障客人的安全和满意度。表3-2-8是一些可能的特殊突发情况类型及处理要点。

表3-2-8　民宿特殊突发情况的主要类型及处理要点

序号	突发情况	突发情况的处理要点
1	自然灾害	如地震、飓风、洪水、火灾等。在这些情况下，确保客人能够安全撤离，提供必要的援助和信息
2	医疗紧急情况	如果客人在民宿内出现健康问题，提供急救或紧急医疗支持，如呼叫急救车
3	安全问题	如入侵、抢劫等安全事件。保持高度警惕，为客人提供安全措施和紧急联系信息
4	供水和排水问题	突然的水管破裂、排水问题等可能影响客房内的水使用。及时采取措施，尽快修复
5	恶劣天气影响交通	恶劣天气可能导致交通受阻，影响客人的出行。提前告知客人天气情况，提供出行建议
6	疫情和健康卫生问题	特别是在全球传染病暴发的情况下，需要采取额外的卫生和防护措施，确保客人的健康安全
7	紧急政策调整	例如政府发布了新的入住要求或限制，需要通知客人并采取相应措施

对于这些特殊情况，民宿经营者应该提前制定应急计划，培训员工，确保他们了解如何应对不同类型的突发情况。及时的沟通、灵活的决策以及对客人的关怀都是处理特殊突发情况时的重要因素。

三、民宿特殊情况的应对策略与工作内容

如果民宿发生自然灾害、政治事件等突发情况，民宿需要及时采取措施，保障客人的安全和利益。在处理过程中，民宿需要与客人保持沟通，提供必要的帮助和支持，协助客人尽快解决问题。只有通过良好的特殊情况处理流程，才能够有效地提高客户满意度和忠诚度，提高民宿服务品质和声誉，为民宿业务的长期稳定发展打下坚实的基础。

特殊情况处理需要在紧急情况下迅速而妥善地采取行动，以确保客人的安全和满意度。表3-2-9是民宿特殊情况应对策略与工作内容的一般指导。

表3-2-9　民宿特殊情况的应对策略与工作内容

序号	工作事项	应对策略与工作内容要点
1	建立应急计划	预先制定应急计划，包括不同类型特殊情况的处理方法和步骤，确保所有员工了解并熟悉该计划
2	紧急联系信息	在客房内、大堂、餐厅等易见的地方放置紧急联系信息，包括医院、警察、消防、急救等
3	培训员工	员工需要了解应对不同特殊情况的步骤，包括如何与客人沟通、提供援助等

（续表）

序号	工作事项	应对策略与工作内容要点
4	快速响应	在发生特殊情况时，尽快做出响应，及时告知客人并提供有关信息
5	保障客人安全	首要任务是确保客人的安全。在火灾、地震等紧急情况下，引导客人迅速撤离，提供必要的协助
6	提供信息	在特殊情况下，向客人提供详细的信息，包括情况的严重程度、可能影响的范围、解决方案等
7	提供援助	根据特殊情况，提供客人所需的援助，如医疗紧急情况，提供急救箱、呼叫急救等
8	协助安排临时住宿	如果客人无法在民宿内入住，协助安排他们临时住宿，并提供必要的信息和支持
9	有效沟通	与客人保持开放、积极的沟通，告知他们情况的进展、解决方案以及可能的影响
10	记录信息	记录特殊情况的详细信息，包括发生时间、采取的措施、客人的反应等。这有助于后续的分析和改进
11	客户关怀	特殊情况解决后，与客人保持联系，询问他们是否需要进一步的帮助或反馈
12	评估和改进	在特殊情况处理结束后，进行评估，探讨处理过程中的优点和不足，为类似情况的处理做出改进

每种特殊情况都有其独特的处理方法和流程，但总的原则是确保客人的安全和满意度。建立清晰的流程、培训员工、及时沟通和灵活决策都是处理特殊情况时的关键。

另外，如果客人在民宿内遇到其他特殊情况，例如失窃、丢失物品等，民宿应该及时回应客人的投诉，并尽快解决问题。在处理过程中，民宿需要保持诚信、耐心、细致，协助客人尽快解决问题。在处理这些特殊情况时，民宿需要根据具体情况采取不同的措施，保护客人的合法权益，并尽可能减少客人的损失。只有这样，才能提高客户的满意度和信任度，赢得更多客户的信赖和支持。

最后，民宿需要建立健全的客户档案，记录客户的基本信息、反馈和投诉情况等。通过客户档案，民宿可以深入了解客户需求，优化服务体系，提高客户满意度和经营效益。

任务实训

民宿人身安全突发事故的应急处理

2020年11月4日4时，在西安市求学的大三学生王小明（化名）站上了租住民宿的窗台。他纵身一跃，结束了自己年轻的生命。王小明坠楼后，派出所接到报警，对事故进行了调查，确认王小明为自杀。

王小明的父母听闻噩耗后从家乡赶来，通过儿子的同学及其生前的点滴，慢慢了解到儿子轻生的原因。前途渺茫、考学不顺成了压倒王小明的最后一根稻草。2020年11月3日，王小明通过网络软件预订了一家民宿并入住，随后在此轻生。

王小明的父母认为，其子在民宿居住期间，民宿应当保证其子安全。现其子坠亡系民宿安全设施存在漏洞，入住时该民宿也未发现其子情绪上的变化，导致王小明轻生，该民宿应予赔偿。

2021年4月8日，王小明的父母向西安市碑林区人民法院提起诉讼，要求民宿赔偿死亡赔偿金、丧葬费、近亲属精神抚慰金合计40万元。

（来源：https://m.thepaper.cn/baijiahao__18018186）

一、任务分析

（1）案由与诉求。王小明的父母认为，其子在民宿居住期间，民宿应当保证其子安全。现其子坠亡系民宿安全设施存在漏洞，入住时该民宿也未发现其子情绪上的变化，导致王小明轻生，该民宿应予赔偿。

（2）事故情况。此事件无法预测，没有民宿的主观故意和不作为行为。网络实名登记预订住宿，被告作为经营者不可能预见王小明会翻越窗台坠亡，亦不可能判断房客意图如何。王小明夜间自行翻越窗户坠楼，是在民宿无法预见或防范制止的情况下发生的。

（3）民宿开设符合规范要求。民宿所在小区系住宅，房屋、窗台等设计符合居民住宅规范的要求。

（4）同情心与责任。原告承受丧子之痛值得同情，但王小明作为完全民事行为能力人，对其行为后果理应知晓。民宿已尽到合理的安全保障义务，不应对王小明的死亡承担责任。

二、任务准备

（1）咨询专业律师团队，咨询应对策略。
（2）查找相关政策法规，佐证民宿在接待和服务过程中合规合法，并组织提供证据。
（3）组成专门的突发事件应急处理小组，保护律师和司法部门的密切联系。

三、任务实施

面对如此严重的突发事件，处理方法需要高度的专业性、敏感性和同情心。以下是处理民宿客户跳楼死亡事件的基本步骤（图3-2-9），但请注意，这只是一般性的指导，具体情况可能会有所不同。

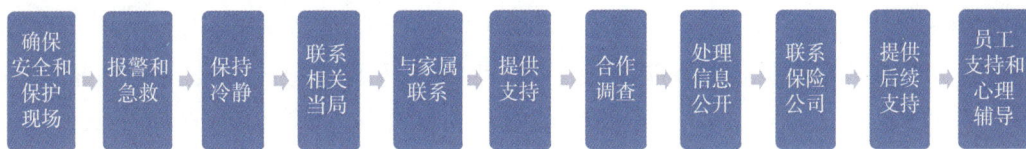

图3-2-9　突发事件处理流程

第一步：确保安全和保护现场。如果发现客户跳楼死亡，首先要确保自己的安全，然后确保没有其他人受伤，随后保护现场，不要干扰现场证据。

第二步：报警和急救。立即拨打当地的紧急救援电话，报告事件并请求医疗人员的支援。遵循急救流程，如果有必要，提供心肺复苏等紧急处理。

第三步：保持冷静。在这个困难的时刻，保持冷静是非常重要的。与其他员工共同处理情况，避免情绪失控。

第四步：联系相关当局。根据当地法律法规，可能需要通知警察、法医、消防等相关当局。遵循法律程序并配合调查。

第五步：与家属联系。如果可能，与客人的家属或紧急联系人联系，告知他们发生的情况。在此过程中需要特别敏感和同情。

第六步：提供支持。如果其他客人或员工被事件所影响，提供情绪支持和协助。可能需要提供紧急咨询服务。

第七步：合作调查。与调查人员合作，提供他们所需的信息和协助，确保遵循法律程序和法医的指示。

第八步：处理信息公开。处理信息公开时需要小心，确保尊重家属和受影响人员的隐私，遵循当地法规和道德标准。

第九步：联系保险公司。如果民宿有相应的保险，通知保险公司，并遵循他们的指示，以便后续的理赔和相关处理。

第十步：提供后续支持。在事件处理之后，提供家属所需的支持，如协助处理遗体、安排后事等。

第十一步：员工支持和心理辅导。事件对员工可能产生心理影响，提供专业的心理辅导和支持，确保员工的健康。

这种情况下的处理需要极高的同情心和尊重，以及遵循法律程序和道德原则。根据当地的法律法规和民宿的实际情况，可能需要调整上述步骤。如果遇到这样的情况，请务必与相关当局和专业机构合作，确保事情得到妥善处理。

能力拓展

突发特殊情况处理能力的养成和提升

民宿管家是突发特殊情况的第一责任人，这就要求具备处理突发特殊事情的能力，包括以下5个方面。

（1）安全设施和防护措施。民宿管家需要确保民宿的安全设施完善，并按照相关法规进行维护和检查。这包括定期检查窗户、栏杆、门锁等设施，确保其正常运作。

（2）培训和教育。民宿管家可以接受培训，学习如何识别和应对住客心理状况的变化。民宿管家可以学习一些基本的心理健康知识，了解常见的情绪问题和自杀预防方法，以更好地辨认和帮助需要支持的人。

（3）客户沟通和倾听。民宿管家应该与住客建立良好的沟通渠道，倾听他们的需求和关注。如果发现住客情绪异常或存在困扰，应尽量提供支持、安慰和合适的建议。对于表现出严重心理问题的住客，民宿管家可以建议他们寻求专业的心理咨询服务。

（4）应急预案。民宿管家可以制定应急预案，针对突发情况进行应对。这包括培训员工如何处理紧急事件，如自杀威胁、突发的精神健康危机等。他们可以与当地的紧急服务机构建立联系，以便在需要时能够及时求助。

（5）**合作与合规。**民宿管家应符合相关法规和规定，确保民宿运营符合安全标准和法律要求。此外，他们可以与当地社区、心理健康组织等建立合作关系，以获取支持和资源，为住客提供更全面的服务。

需要注意的是，民宿管家的职责有限，他们不具备专业的心理咨询或诊断能力。因此，在遇到住客出现严重心理问题或自杀意念时，民宿管家应鼓励他们尽快求助专业的心理健康服务机构或紧急救助机构。

请回答：

① 民宿管家提升应急能力的关键方法是什么？

② 民宿经营避免和减少特殊情况出现的影响因素是什么？

任务评价

根据本项目任务内容填写特殊情况处理测评表，具体见表3-2-10所列。

表3-2-10　特殊情况处理测评表

评价一级指标	评价二级指标	评价标准	赋分/分	自我评价/分	互相评价/分	教师评价/分
知识能力（20分）	专业知识	掌握民宿特殊情况的类型	4			
		掌握客特殊情况处理方法	2			
		能根据民宿情况，预防特殊情况的发生	4			
	自学能力	能够通过自己已有的知识、经验来独立地获取新知识和信息	5			
	创新能力	能够跳出固有的课内外知识，提出自己的见解	3			
		敢于标新立异	2			
技能能力（35分）	实操规范	能根据实训任务步骤完成事故的处理	10			
		处理特殊情况操作熟练，各环节衔接流畅	5			
	职业岗位能力	能针对不同的客人的特点及事件本身处理事情	10			
		关注民宿的消防隐患	5			
		能正确使用服务所需的设施设备	5			
职业素养（45分）	组织能力	能组织同学一起讨论问题，分工清晰明确，能及时排解过程中出现的争论	4			
	团队协作能力	表达观点，为小组提供有用的信息、方法	3			
		有团队协作意识	3			
	自我调节能力	能够有效地整合各种学习资源	3			
		遇到问题时可以调整自己的心态	3			

评价一级指标	评价二级指标	评价标准	赋分/分	自我评价/分	互相评价/分	教师评价/分
职业素养（45分）	沟通能力	能跟同学建立良好关系，跟同学沟通顺畅	3			
		能够正确地组织语言，表达所学内容	3			
		在小组讨论中能够与他人交流自己的想法	3			
	形象礼仪	能够按照职业要求规范职业仪容仪表	3			
		体现礼仪礼貌	3			
	服务意识	能够热情、主动、预见性地提供服务	4			
		把客人当作朋友和家长	3			
	责任心	不计较分工，认真完成分配好的角色和任务	3			
		课堂守纪，服从安排	4			
小计			100			
总分＝自我评价/分＊25%＋互相评价/分＊25%＋教师评价/分＊50%			100			
评价总结						
改进方法						

思考与练习

① 民宿经营中可能出现哪些特殊突发情况？

② 应该如何处理民宿突发的特殊情况？

③ 如何提高民宿管家的应急能力？

参考文献

[1] 陈春燕. 前厅服务与管理 [M]. 2版. 北京：高等教育出版社，2019.

[2] 彭韬. 现代乡村民宿经营与管理实务 [M]. 北京：中国旅游出版社，2020.

[3] 李雨轩，杨晓星. 民宿运营与管理 [M]. 北京：机械工业出版社，2022.

[4] 张志佳. 客房服务技能实训 [M]. 2版. 北京：机械工业出版社，2020.

[5] 汝勇健. 客房服务员 [M]. 2版. 北京：中国劳动保障出版社，2011.

[6] 刘晓蕾，刘莉. 前厅服务与管理 [M]. 北京：机械工业出版社，2019.

[7] 吴文智. 民宿概论 [M]. 上海：上海交通大学出版社，2018.

[8] 魏凯，刘萍，杨诗兵. 民宿管家服务 [M]. 北京：旅游教育出版社，2022.

[9] 沙绍举，王永盛，张晓旭. 民宿产品创新与开发 [M]. 北京：旅游教育出版社. 2022.

[10] 尹萍，郭贵荣，杨帆. 民宿新媒体营销 [M]. 北京：旅游教育出版社，2022.

[11] 魏凯，刘萍，杨诗兵. 民宿管家服务 [M]. 北京：旅游教育出版社，2022.

[12] 樊平，李琦. 餐饮服务与管理 [M]. 2版. 北京：高等教育出版社，2021.